Tucholsky Wagner Zola Scott Sydow Freud Schlegel
Turgenev Wallace Fonatne

Twain Walther von der Vogelweide Fcuqué Friedrich II. von Preußen
Weber Freiligrath Frey
Fechner Fichte Weiße Rose von Fallersleben Kant Ernst Frommel
Hölderlin Richthofen
Fehrs Engels Fielding Eichencorff Tacitus Dumas
Faber Flaubert
Eliasberg Ebner Eschenbach
Feuerbach Maximilian I. von Habsburg Fock Eliot Zweig
Ewald Vergil
Goethe Elisabeth von Österreich London
Mendelssohn Balzac Shakespeare
Lichtenberg Rathenau Dostojewski Ganghofer
Trackl Stevenson Doyle Gjellerup
Mommsen Tolstoi Hambruch
Thoma Lenz Hanrieder Droste-Hülshoff
Dach Verne von Arnim Hägele Hauff Humboldt
Reuter Rousseau Hagen Hauptmann
Karrillon Garschin Gautier
Damaschke Defoe Hebbel Baudelaire
Descartes
Hegel Kussmaul Herder
Wolfram von Eschenbach Dickens Schopenhauer
Bronner Darwin Melville Grimm Jerome Rilke George
Bebel
Campe Horváth Aristoteles Proust
Bismarck Vigny Barlach Voltaire Federer Herodot
Gengenbach Heine
Storm Casanova Tersteegen Gilm Grillparzer Georgy
Chamberlain Lessing Langbein Gryphius
Brentano Lafontaine
Strachwitz Claudius Schiller Kralik Iffland Sokrates
Bellamy Schilling
Katharina II. von Rußland Gerstäcker Raabe Gibbon Tschechow
Löns Hesse Hoffmann Gogol Wilde Vulpius
Gleim
Luther Heym Hofmannsthal Klee Hölty Morgenstern
Roth Heyse Klopstock Kleist Goedicke
Luxemburg Puschkin Homer Mörike
La Roche Horaz Musil
Machiavelli Kierkegaard Kraft Kraus
Navarra Aurel Musset
Lamprecht Kind Kirchhoff Hugo Moltke
Nestroy Marie de France
Laotse Ipsen Liebknecht
Nietzsche Nansen
Marx Ringelnatz
von Ossietzky Lassalle Gorki Klett Leibniz
May vom Stein Lawrence Irving
Petalozzi Knigge
Platon Pückler Michelangelo Kafka
Sachs Poe Kock
Liebermann Korolenko
de Sade Praetorius Mistral Zetkin

Der Verlag tredition aus Hamburg veröffentlicht in der Reihe **TREDITION CLASSICS** Werke aus mehr als zwei Jahrtausenden. Diese waren zu einem Großteil vergriffen oder nur noch antiquarisch erhältlich.

Symbolfigur für **TREDITION CLASSICS** ist Johannes Gutenberg (1400 — 1468), der Erfinder des Buchdrucks mit Metalllettern und der Druckerpresse.

Mit der Buchreihe **TREDITION CLASSICS** verfolgt tredition das Ziel, tausende Klassiker der Weltliteratur verschiedener Sprachen wieder als gedruckte Bücher aufzulegen – und das weltweit!

Die Buchreihe dient zur Bewahrung der Literatur und Förderung der Kultur. Sie trägt so dazu bei, dass viele tausend Werke nicht in Vergessenheit geraten.

Fahrt ins Heilige Land

Alphonse de Prat Lamartine

Impressum

Autor: Alphonse de Prat Lamartine
Übersetzung: Georg Herwegh
Umschlagkonzept: toepferschumann, Berlin

Verlag: tredition GmbH, Hamburg
ISBN: 978-3-8472-3761-7
Printed in Germany

Text der Originalausgabe

Alphonse de Prat Lamartine

Fahrt ins Heilige Land

Uebersetzung von
Georg Herwegh

Alphonse de Prat Lamartine

Fahrt ins Heilige Land

Ueberfetzung von Georg Herwegh

Verlag Franz Huber / Offenburg

Vorwort.

Man kann nicht gerade sagen, daß die Deutschen vor 1933 die französische Literatur verschiedenster Schaffensgebiete in größerem Ausmaße kennen gelernt hätten, soweit das nicht die Klassiker oder einzelne neuere französische Werke der Belletristik waren. Wer eine Mittelschule, ein Gymnasium oder Realschule besuchte, hatte Gelegenheit, in Schulausgaben einige Ausschnitte oder größere Gesamtdarstellungen zu lesen. Es gab auch Uebersetzungen für breitere deutsche Schichten, und es wäre interessant, einmal aus Statistiken des Buchhandels und der Leihbüchereien festzustellen, welche Verbreitung die französische Literatur in Deutschland gefunden hat, und das nicht nur für die Druckwerke, die aus Frankreich nach Deutschland eingeführt wurden, sondern auch diejenigen, die in Deutschland gedruckt worden sind. Wenn man aus letzteren auch nicht schließen kann, was gelesen worden ist, so hätte man immerhin gewisse Anhaltspunkte. Gefühlsmäßig möchte man sagen, daß Originalausgaben und Uebersetzungen den deutschen Büchermarkt vor 1933 gerade nicht überfüllt haben. Nach 1933 ist eine große Ebbe eingetreten, in den Schulen blieb die französische Sprache hinter der englischen wesentlich zurück. Neuere Werke sind in Deutschland weniger bekannt geworden, die alten verstaubten in den Bibliotheken. Wohin es führte, daß wir Deutsche unseren westlichen Nachbar in dessen Literatur und damit in dessen Geistesleben immer weniger erkannten, braucht hier nicht näher gesagt zu werden. Wir stehen alle unter der Gewalt der Ereignisse.

Diesem Uebel sollte aber doch nach Möglichkeit gesteuert werden, und wir möchten dazu einen kleinen Beitrag leisten, indem wir aus der französischen Literatur das eine und das andere unseren deutschen Lesern zu vermitteln suchen.

Wir beginnen mit *Alphonse de Prat Lamartine*, einem der geistvollsten Schriftsteller und Dichter der französischen Romantik.

Franz Huber

Alphonse de Prat Lamartine

Lamartine wurde geboren am 21. Oktober 1790 zu Mâcon im Departement Saone und Loire, der Stadt des berühmten roten Mâcon-Weines und der nicht weniger bekannten Beerenmarmeladen. Christlich erzogen, erhielt er eine gediegene klassische Bildung, lebte in Paris als Erbe eines reichen Onkels, verheiratete sich mit einer vermögenden Engländerin, machte große Reisen in Italien, war im Dienst seines Königs Diplomat in Florenz und trat 1823 erstmals als Dichter an die Oeffentlichkeit mit den »Méditations poétiques«, denen die »Nouvelles méditations poétiques« folgten. Damit war sein Name als Dichter begründet.

Bereits 1829 wurde er Mitglied der Französischen Akademie und nahm in ihr den Platz des Staatsmannes Pierre Antoine Bruno Graf Daru (1767 bis 1829), ein, der im Auftrag Napoleons I. die Friedensverträge von Preßburg (1805) Tilsit (1807) und Wien (1809) maßgeblich gestaltete, später in Gegensatz zu Napoleon I. trat und dem Lamartine bei Eintritt in die Akademie einen geistvollen Nachruf widmete. Hatte Daru von Napoleon sich zum Regime der Restauration hinübergefunden, so wurde Lamartine vom Freund des Restaurationsregimes überzeugter Republikaner; 1848 als Vertreter Mâcons in die konstituierende Nationalversammlung gewählt, war er auch prominenter Politiker. Seine Popularität wurde ungemein groß, aber der Sturm der Juni-Unruhen beraubte ihn der Volksgunst. Am 1. März 1869 starb Lamartine zu Passy bei Paris.

Infolge der glänzenden Vermögensverhältnisse seiner Jugend und seiner besten Mannesjahre konnte Lamartine ein recht luxuriöses Leben führen. Indessen gingen die Gelder, über die er verfügte, zu Ende, und Lamartine war froh, als ihm Napoleon III. die Zinsen eines Kapitals von frs.500.000.– als Rente aussetzte. Der politische Mißerfolg und die finanzielle Misere können aber den Ruhm seines dichterischen Genies nicht verblassen lassen. Broncestandbilder in Mâcon und Passy wurden ihm errichtet, bleibender aber sind viele seiner Werke.

Es ist für die Deutschen der Vergangenheit eine Ehre und für uns in der Gegenwart von besonderem Interesse, daß der deutsche Emigrant und republikanische Demokrat *Georg Herwegh,* der der

48er Revolution in Baden vom Elsaß her mit einem deutschen Freiwilligenbataillon zu Hilfe kommen wollte, der Dichter feuriger Revolutionslieder, die auch heute gerne wieder gedruckt und gelesen werden, sich so sehr von Lamartine angezogen fühlte, daß er 1839 bis 1853 Lamartines Werke in deutscher Übersetzung erscheinen ließ. Herwegh, der ehemalige Schüler des Evangelischen Stiftes Maulbronn, im einstigen heute noch erhaltenen Zistercienserkloster Maulbronn, ist den religiösen Stimmungen und Gefühlen Lamartines mit der gleichen Liebe nachgegangen, die er dem politischen und auch sozialistischen Drang des späteren Lamartine widmete.

Wir geben im folgenden einige Ausschnitte aus Lamartines Werken, die den christlich-religiösen Geist des Dichters kennzeichnen. Sie sind zumeist entnommen seinen »Souvenirs, impressions pensées et paysages pendant un voyage en orient« (1835). Lamartine hatte nach der Juli-Revolution 1830 sich vergeblich um einen Kammersitz bemüht, und um sich zu vergessen, schiffte er sich mit Frau und Tochter sowie Dienern in einem luxuriös ausgestatteten Schiff zu einer Fahrt in den Orient ein. Eindrücke von seiner Fahrt hat er in Tagebuchblättern festgehalten.

Andere Proben seines Geistes und seiner Feder schließen wir an – möge der Zweck erfüllt werden.

Fahrt ins Heilige Land

Die Bibel in der Hand der Mutter

Meine Mutter hatte von ihrer Mutter auf dem Totenbette eine schöne Bibel von *Royaumont* erhalten, in der sie mich lesen lehrte, als ich noch ein kleines Kind war. Diese Bibel war auf jeder Seite mit Heiligenbildern verziert, als da sind: Sara, Tobias mit seinem Engel, Joseph, Samuel, namentlich aber mit seinen schönen patriarchalischen Scenen, wo die erhabene ursprüngliche Natur des Orients allen Handlungen des einfachen wunderbaren Lebens der ersten Menschen den Stempel aufdrückte.

Hatte ich die aufgegebene Lektion gut gelernt und eine halbe Seite aus der heiligen Geschichte beinahe ohne Fehler gelesen, so deckte meine Mutter als Belohnung das Bild auf und ließ es mich, das Buch offen auf ihrem Schoße haltend, betrachten, indem sie die nötigen Erläuterungen beifügte. Sie war von der Natur mit einer ebenso frommen als zarten Seele begabt, mit der empfänglichsten, üppigsten Einbildungskraft; alle ihre Gedanken waren Gefühle und alle diese wiederum Bild; ihr schönes, edles, gewinnendes Antlitz spiegelte in seinen verklärten Zügen Alles wider, was in ihrem Herzen glühte, in ihrem Geiste gährte; und der silberhelle, innige, feierliche, bewegte Ton ihrer Stimme gab Allem, was sie sprach, einen Ausdruck von Kraft, Anmut und Liebe, den ich noch heute, in diesem Augenblicke, in meinen Ohren wiederklingen höre, nachdem er, ach schon sechs Jahre, verstummt ist.

Der Anblick dieser anmutigen Bilder, die poetischen Erklärungen und Auseinandersetzungen meiner Mutter flößten mir seit meiner zartesten Kindheit Geschmack und Wohlgefallen an der heiligen Schrift ein; von der Liebe zur Sache bis zu der Sehnsucht, den Schauplatz dieser Begebenheiten zu sehen, war nur ein Schritt. So brannte ich denn schon seit meinem achten Jahre vor Verlangen, die Berge, auf die Gott sich niederließ, zu besuchen; die Wüsten zu sehen, da die Engel Hagar die verborgene Quelle zeigten, um ihr armes verstoßenes, vor Durst verschmachtendes Kind neu zu beleben; die Flüsse zu schauen, die im irdischen Paradiese sich ergossen, und jenen Himmel, da Jakob die Engel die Leiter auf- und niederschweben sah. Diese Sehnsucht erlosch niemals in mir; ich träumte seitdem immer von einer Reise nach dem Orient, als einem für mein inneres Leben bedeutungsvollen Ereignis; unablässig trug ich in mir den Gedanken mit der Abfassung einer großartigen religiösen Epopöe, deren Hauptschauplatz jene herrlichen Gegenden sein sollten; mir war, als ob alle Zweifel des Geistes, alle Unklarheit über Gott und Religion hier ihre endliche beruhigende Lösung finden müßten. Endlich mußte ich dorther die Farben für meine Dichtung entnehmen; denn das Leben war für meinen Geist immer ein großes Gedicht, wie es für mein Herz ein Leben der Liebe war. Gott, Liebe und Poesie sind die drei Worte, die ich einst auf meinen Grabstein geschrieben wünschte, wenn ich je einen Grabstein verdienen sollte.

Aus dieser Quelle nun floß die Idee, die mich jetzt nach den Gestaden Asiens drängt. Das sind die Gründe, warum ich in Marseille bin und dieser tausendfachen Pein mich unterziehe, um ein Land zu verlassen, das ich liebe, da ich Freunde habe, da verwandte Geister mir im Herzen eine Träne nachweinen werden.

Ausfahrt

Ich habe ein Schiff von 250 Tonnen gemietet, das 19 Mann an Bord hat. Der Kapitän ist ein trefflicher Mann. Seine Physiognomie hat mir gefallen. Er hat in seiner Stimme etwas Ernstes, Würdiges, das von strenger Rechtschaffenheit und reinem Gewissen zeugt; der Ausdruck seiner Physiognomie besitzt die gleiche Würde und sein Auge hat jenen sichern, freien, lebendigen Blick, der immer ganz, sicher einen Mann von raschen, kräftigen, wohlbedachten Entschlüssen verrät. Dabei ist er freundlich, höflich, sehr gebildet. Ich habe ihn mit der Sorgfalt ausgeforscht, die man natürlich bei der Wahl eines Mannes anwenden muß, dem man nicht allein sein eigen Gut und Leben, sondern auch das Leben seiner Frau und seines einzigen Kindes, wo dann das Leben von drei Wesen in Einem konzentriert ist, anvertrauen will. Gott möge uns schützen und geleiten!

*

Wir haben die letzten Spitzen der grauen Gebirge an den Küsten
Frankreichs und Italiens hinabsinken sehen, bald hatte die dunkelblaue Linie des Meeres am Horizont Alles begraben; das Auge
schweift im Augenblick, wo der gewohnte Horizont verschwindet,
in der wogenden Leere, die es umgibt, wie ein Urglücklicher, der
nach und nach alle Gegenstände seiner Neigung und seiner Ge-
wohnheit verloren hat und dessen Herz vergebens nach einer Ruhe-
stätte sucht.

Der Himmel wird die große einzige Scene der Betrachtung; dann
fällt der Blick wieder auf den im unermeßlichen Raum verschwin-
denden Punkt, auf dieses enge Schiff, das ganze AL für die, welche
es dahin trägt.

Das Gebet des Kapitäns

Der Schiffsherr ist am Steuerruder; sein männliches leidenschafts-
loses, Gesicht, sein sichrer, wachsamer Blick, bald auf das Kompaß-
häuschen gerichtet, um nach der Nadel zu sehen, bald auf das Vorderdeck, um daran durch das Tauwerk des Fockmastes die Richtung des Schiffes zu erkennen; sein rechter auf dem Steuer ruhender
Arm, der mit einer Bewegung die ungeheure Masse des Schiffes
nach seinem Willen lenkt; Alles verrät ar. ihm die Wichtigkeit seines
Amtes, den Genius des Schiffs, auf dessen breiter Stirne das Leben
von dreißig Personen ruht, welches in seine kräftige Hand gelegt ist.

Vorn auf dem Verdecke find die Matrosen gruppenweise zerstreut, sitzend, stehend, auf den Brettern von leuchtendem Tannen-
holze oder den in gewaltige Spirale zusammengerollten Tauen lie-
gend; die Einen bessern die alten Segel mit großen eisernen Nadeln
aus, wie junge Mädchen, welche ihren Brautschleier oder den Vorhang ihres jungfräulichen Bettes sticken; die Andern lehnen sich
über die Balustraden und betrachten, ohne sie zu sehen, die schäu-
menden Wogen, wie wir das Pflaster einer schon hundertmal von
uns betretenen Straße betrachten, und blasen gleichgültig die
Rauchwolken ihrer Pfeifen aus roter Erde in den Wind. Diese geben
dem Geflügel in langen Trögen zu trinken, jene halten ein Bündel

Heu in der einen Hand und lassen die Ziegen daran knuppern, deren Hörner sie in der andern Hand halten; dort spielen sie mit zwei schönen Hämmeln, welche zwischen den beiden Masten in der hohen aufgehängten Schaluppe liegen; diese armen Tiere heben die Köpfe unruhig über den Rand, und da sie nichts als die weiße schaumbedeckte wogende Fläche sehen, so blöcken sie nach dem Felsen und dem trockenen Moos ihrer Berge.

Für das äußerste Ende des Schiffes bildet den Horizont dieser schwimmenden Welt das spitzige Vorderdeck mit seinem Bugsprietmast, der hoch und weit in die See hinausragt; dieser Mast vorn am Schiffe sieht aus wie der Stachel eines Seeungeheuers. Das im Schwerpunkt des Mitteldeckes beinahe gar nicht fühlbare Wogen des Meeres läßt das Vorderdeck langsame, riesenmäßige Schwingungen beschreiben. Bald scheint es das Schiff nach irgend einem Stern des Firmamentes entführen, bald in irgend ein tiefes Tal des Oceans versenken zu wollen; denn es ist, als ob das Meer unaufhörlich steige und falle, wenn man ganz hinten auf einem Schiffe steht, welches durch seine Masse und seine Länge die Wirkung der wallenden Wogen noch vergrößert.

Uns trennt der große Mast von jenen Scenen des Seelebens, und wir haben unsre Sitze auf dem Halbverdeck, wo wir mit den Offizieren auf- und abwandeln, und sehen, wie die Wogen steigen und die Sonne untergeht.

Mitten unter allen diesen männlichen, ernsten, nachdenklichen Gesichtern spielt ein Kind, das Haar aufgelöst und über sein weißes Kleid herabwallend, sein schönes, rosiges, selig frohes Antlitz von einem unter seinem Kinn geknüpften strohernen Matrosenhut eingefaßt, mit der weißen Katze des Kapitäns oder mit einem gestern ausgenommenen Neste von Seetauben, welche unter der Lafette einer Kanone liegen und denen es sein Abendbrot vorkrümmelt.

Der Schiffskapitän, die Seeuhr in der Hand, stille nach Westen schauend und genau die Sekunde abwartend, wo die Sonnenscheibe, zur Hälfte gebrochen, die Wogen zu berühren und, ehe sie ganz darin versinkt, noch einen Augenblick darauf zu schwimmen scheint, erhebt die Stimme und ruft: *Meine Herren, das Gebet!*« Die Unterhaltung stockt, alle Spiele hören auf, die Matrosen werfen die noch glimmende Zigarre ins Meer, nehmen die griechische Mütze von roter Wolle ab, halten sie in der Hand und werfen sich zwischen den beiden Masten auf die Knie nieder. Der Jüngste unter ihnen schlägt das Gebetbuch auf und singt das »Ave, maris stella«, und die Litaneien in einer zarten, klagenden, ernster Weise, welche mitten im Meer von jener beklemmenden Melancholie der letzten Tagesstunden eingegeben zu sein scheint, wo alle Erinnerungen an das Land und den heimatlichen Herd aus dem Herzen dieser einfachen Menschen in die Gedanken aufsteigen. Finsternis lagert sich wieder über die Fluten und versenkt in ihr gefährliches Dunkel die Bahn der Schiffer und das Leben so vieler Weser, welche keinen Leuchtturm mehr haben, als die Vorsehung, keine Zuflucht, als die unsichtbare Hand, welche sie über den Fluten hält.

Wenn das Gebet nicht mit dem Menschen selbst geboren wäre, hier wäre es erfunden worden von Menschen, die allein stehen mit ihren Gedanken und ihren Schwächen vor dem Abgrunde des Himmels, wo ihre Blicke sich verlieren, über dem Abgrunde des Meeres, von dem ein schwaches Brett sie trennt; beim Rauschen des Oceans, der wie Stimmen von Tausend wilden Tieren murrt, pfeift, heult, brüllt; bei den Stößen des Windes, der in jedem Tau einen scharfen Ton hören läßt; beim Einbruch der Nacht, die alle Gefahren vergrößert, alle Schrecken vervielfältigt. Aber das Gebet ist niemals erfunden worden; es ward mit dem ersten Seufzer, der ersten Freude, dem ersten Schmerze des menschlichen Herzens geboren, oder vielmehr, der Mensch ist zu nichts als zum Gebete da; Gott, preisen oder ihn anrufen, das ist seine einzige Bestimmung hienieden; alles Andere geht vor ihm oder mit ihm unter; aber die Stimme des Preises der Liebe, der Bewunderung, die er während seines Pilgerlaufs zu seinem Schöpfer erschallen läßt, geht niemals unter; von Jahrhundert, zu Jahrhundert erhebt sie sich und klingt wieder im Ohre Gottes, wie das Echo seiner eigenen Stimme, wie ein Widerhall seiner Herrlichkeit; sie ist das einzige vollkommen Göttliche im Menschen, was er mit Freude und Stolz offenbaren kann; denn dieser Stolz ist eine Huldigung, dem dargebracht, der sie allein verdient, dem unendlichen Wesen.

Kaum hatten wir diese oder ähnliche Gedanken, jeder stille bei sich, eine Zeitlang gehegt, als auf der Seite es Schiffes, die nach Osten sah, ein Schrei Julias sich erhob. Eine Feuersbrunst auf dem Meer! Ein Schiff in Brand! Wir stürzen hin, um dieses Feuer fern auf den Fluten zu sehen. In der Tat schwamm eine breite glühende Kohle östlich am äußersten Rande des Meereshorizonts; in wenigen Minuten aber, als sie sich erhob und abrundete, erkannten wir den Vollmond, welchen der Nebel vom Westwinde her in einen feurigen Dunst gehüllt hatte; er erhob sich langsam aus den Fluten, wie eine Scheibe rotglühenden Eisens, welche der Schmied mit seiner Zange aus dem Ofen nimmt und über das Wasser hält, indem er sie ablösen will. Auf der entgegengesetzten Seite des Himmels hatte die Scheibe der eben untergegangenen Sonne im Westen eine goldene Sandbank gelassen, die aussah wie das Ufer irgend eines unbekannten Landes. Unsere Blicke schweifen zwischen diesen Herrlichkeiten des Himmels von einem Bord zum andern. Nach und nach erlosch der Schein dieser doppelten Dämmerung; Tausende von Sternen sprangen über uns aus dem Himmel, als wollten sie unsern Masten, die von einem zum andern fortzogen, den Weg vorzeichnen; man kommandierte das erste Viertel der Nacht, entfernte alles vom Verdeck, was das Manöver hätte stören können, und die Matrosen kamen einer nach dem andern zum Kapitän und sprachen:»Gott sei bei uns!«

Ich ging noch eine Zeitlang auf dem Verdecke auf und ab; dann stieg ich hinab und dankte Gott in meinem Herzen, daß er mir vergönnt, diese mir bis jetzt unbekannte Gestalt seiner Natur zu zeigen. Mein Gott! Mein Gott! Dein Werk sehen in allen seinen Gestalten, deine Herrlichkeit bewundern auf Bergen oder auf Meeren, anbeten und lobpreisen deinen Namen, den keine Worte bezeichnen können! Das ist hienieden das wahre Leben! Vermehre unsere Tage, um die Liebe und Bewunderung in unseren Herzen zu vermehren! Dann wende das Blatt um und laß uns in einer andern Welt die unendlichen Wunder des Buchs deiner Größe und deiner Güte lesen!

Das Begräbnis eines Häuptlings

Beim Eintritt in das Jeremiastal ziehen die Töne einer wilden Musik unsere Aufmerksamkeit auf sich: wir bemerken in der Ferne einen ganzen arabischen Stamm, der auf der Seite des Hügels hinzieht. – Ich sende den Dragoman voraus; – er kehrt mit der Nachricht zurück, daß alle diese Leute zum *Begräbnis eines Häuptlings* sich versammelt haben und daß wir ohne Furcht weiterziehen können. – Er erzählt uns hierauf, daß dieser Häuptling Tags zuvor plötzlich auf der Jagd gestorben sei, weil er den Duft einer giftigen Pflanze eingeatmet habe; aber der bekannte Charakter der Araber von Naplus, deren Tracht diese Leute tragen, bringt uns auf den Gedanken, daß er wohl eher als das Opfer der Eifersucht irgend eines Häuptlings gefallen sei. Trotz ihrer kriegerischen Haltung und ihres gebieterisch-stolzen Ansehens gleicht die Leichtgläubigkeit dieser Naturvölker der Leichtgläubigkeit der Kinder. Jede wunderbare Erzählung entzückt sie und weckt durchaus kein Mißtrauen in ihnen. – Einer unserer arabischen Freunde, ein sehr verständiger und kenntnisreicher Mann, versicherte uns oft mit dem Tone der Ueberzeugung, daß ein Scheik auf dem Libanon das Geheimnis der magischen Worte besitze, die man in den Urzeiten angewendet habe, um die riesigen Felsmassen von Balbeck in Bewegung zu setzen; aber er sei ein zu guter Christ, um sich derselben jemals zu bedienen oder sie zu verbreiten. Wir beschleunigen den Schritt unserer Pferde und holten bald die Prozession ein; in der Mitte wurde der Sarg auf einer Bahre getragen, von kostbaren Tüchern bedeckt, oben darauf der Turban der Osmantis; arabische Frauen, bis an den Gürtel entblöst, ihre langen, schwarzen Haare auf die Schultern herabwallend, ihre Brust zerschlagend, die Arme in der Luft, gingen sie vor dem Leichname her, indem sie ein Geschrei ausstießen, Trauergesänge sangen, die Hände rangen und die Haare sich ausrauften; Musiker, welche den Tanbla und das Dahiera spielten, begleiteten ihre Stimmen mit einem fortwährenden und einförmigen Getrommel.

An der Spitze des Zuges ritt der Bruder des Verstorbenen; sein Pferd, mit schönen Angorafellen bedeckt, mit rot und goldenen Quasten, die auf dem Kopf und auf der Brust sich hin und her schaukelte, bäumte sich zuweilen bei den Tönen dieser unharmonischen Musik; Priester, in ihrer Amtstracht, erwarteten den Leichenzug vor der Pforte der Gruft, die mit einer Kuppel geschmückt und von einem freien Säulengange getragen wurde; – gegenüber befand sich die zerstörte Kirche, deren terrassenförmiges Dach mit Frauen bedeckt war, die von langen, weißen Schleiern verhüllt waren, ähnlich den Opferpriesterinnen des Altertums oder den Klageweibern an den Denkmälern von Memphis. – Als der Häuptling sich der Gruft näherte, stieg er vom Pferde und warf sich mit lebhaften Aeußerungen des Schmerzes in die Arme des Oberpriesters; dieser ermahnte ihn, sich dem Willen Gottes zu unterwerfen und sich würdig zu beweisen, seinem Bruder in der Herrschaft über diesen Stamm nachzufolgen. Mittlerweile langt der Zug an, legt den Leichnam nieder, stellt sich um den kleinen Tempel herum und die Totengesänge ertönen noch durchdringender; diese Trauergebärden, dieser Leichenprunk, diese Hymnen der Verzweiflung in einer uns fremden Sprache, mit fremden Gebräuchen erinnerten uns lebhaft an jene Weheklagen, mit denen Jeremias einst dasselbe Tal erfüllt hatte und von denen die biblische Welt noch das Echo ist.

Das Gebet der Türkin

Einige Schritte vor mir weinte eine junge Türkin auf dem Grabhügel ihres Mannes, neben einem jener kleinen Denkmale von weißem Steine, mit denen die Hügel um Jerusalem wie übersät sind. Sie war höchstens achtzehn bis zwanzig Jahre alt, und ich habe noch nie ein so hinreißendes Bild des Schmerzens gesehen. Ihr Gesicht, dessen Anblick der zurückgeschlagene Schleier mir vergönnte, hatte die reine Linie der schönsten Köpfe des Parthenon, zugleich aber auch die Zartheit, Anmut, das wohllüstige Schmachten der Frauen Asiens, eine weiblichere, liebenswürdigere, bezauberndere Schönheit, als die strenge, männliche Schönheit der griechischen Statuen. Ihre Haare golden blond, wie das Metall bei den antiken Statuen, eine im Lande der Sonne, von dem sie gleichsam ein Abglanz, sehr hochgestellte Farbe, ihre Haare fielen in losen Flechten über Hals und Rücken und fegten im buchstäblichsten Sinne den Boden; ihr Busen war völlig blos, wie es bei den Frauen in diesem Teile Arabiens gewöhnlich ist, und wenn sie sich bückte, den steinernen Turban zu umfassen oder ihr Ohr ans Grab zu legen, berührten ihre nackten Brüste die Erde und ließen im Staube einen Abdruck zurück, wie der schöne Busen der toten Atala sich noch im Sande des Grabhügels abdrückt, nach der unvergleichlichen Dichtung des Herrn von Chateaubriand, Sie hatte das Grab und die Erde mit den mannigfaltigsten Blumen geziert, ihre Knie ruhten auf einem schönen Teppich von Damast und auf diesem standen einige Blumenvasen und ein Korb mit Feigen und Gerstenbroten; denn diese Frau mußte so hier den ganzen Tag mit Weinen zubringen. Ein Loch, das in die Erde gegraben war und wodurch sie wahrscheinlich mit dem Ohr des Toten korrespondieren wollte, diente ihr als Sprachrohr in die andere Welt, wo der schlief, den sie hier heimsuchen wollte. Von Zeit zu Zeit neigte sie sich gegen diese kleine Oeffnung, sang von Tränen mehrmals unterbrochen, einige Lieder, legte das Ohr wieder an die Oeffnung, als ob sie eine Antwort vernehmen wollte, sang und weinte alsdann von Neuem. Ich hätte gern erfahren, was sie vor sich hin sprach und was bis zu mir herüberklang; aber mein Dolmetscher verstand ihre Worte entweder nicht oder konnte sie mir nicht verständlich machen. Wie ich das bedaure. Welche Geheimnisse von Schmerz und Liebe, welche Seufzer mit dem Inhalt eines ganzen Lebens zweier Liebenden, die einander entrissen wurden, müssen diese verworrenen, in Tränen gebadeten Worte enthalten haben! Ach! könnte je irgend Etwas einen Toten auferwecken, solche Worte von solchen Lippen hätten es vermocht!

Ein Paar Schritte von dieser Frau spielten unter einem Stücke schwarzen Tuches, das als Sonnenschirm über zwei in die Erde gesteckte Rohre gespannt war, ihre kleinen Kinder mit drei abessinischen Sklavinnen, die wie ihre Gebieterin, auf einem Teppiche, der über den Boden gespreitet war, saßen und standen. Alle drei waren jung und schön, von freien, ungezwungenen Formen, mit der Habichtsnase der abessinischen Neger, und hatten sich in den verschiedensten Stellungen gruppiert, drei Statuen gleich, die aus einem Blocke gehauen sind. Die eine hatte ein Knie auf dem Boden und hielt auf dem andern eines der Kinder, das seine Aermchen nach seiner weinenden Mutter ausstreckte; die andere hatte, wie Canovas Magdalena, die Hände gefaltet, und ihre beiden Beine auf der blauen Schürze untergeschlagen; die dritte stand ein wenig gegen die beiden ersten geneigt, ihren Körper hin und her balancierend, und wiegte das jüngste der Kinder, das sie vergeblich einzuschläfern sich bemühte, an ihrer kaum sichtbaren Brust hin und her. Wenn das Schluchzen der jungen Witwe von den Kindern vernommen wurde, fingen auch diese an zu weinen, und die drei Schwarzen sangen alsdann, nachdem sie vorher das Schluchzen ihrer Gebieterin ebenfalls erwidert hatten, die Schlummer- und Wiegenlieder ihrer Heimat, um die Kinder zu beruhigen. – Es war

Sonntag; auf zweihundert Schritte, hinter den hohen, dicken Mauern Jerusalems, hörte ich von der schwarzen Kuppel des griechischen Klosters her das ferne schwache Echo des Vespergesanges. Davids Hymnen und Psalmen wurden jetzt, nach dreitausend Jahren, von fremden Stimmen in einer neuen Sprache von denselben Hügeln herabgesungen, deren Anblick einst den königlichen Dichter dazu begeistert hatte. Ich sah auf den Terassen des Klosters einige alte Mönche vom heiligen Lande hin und her gehen, das Breviarium in der Hand und dieselben Gebete vor sich hin sagend, die schon so manches Jahrhundert in so verschiedenen Sprachen und Rhythmen gesprochen wurden.

Und auch ich war da, um von Allem dem zu singen, um die Welt an ihrer Wiege kennen zu lernen, den unbekannten Gang einer Religion, einer Zivilisation bis an die Quelle zu verfolgen, um vom Geiste des Orts und dem geheimnisvollen Sinne geschichtlicher Denkmale da mich begeistern zu lassen, wo der Ausgangspunkt der modernen Welt ist, um der ernsten, gedankenschweren Poesie der vorgerückten Epoche, in der wir leben, eine Fülle wahrhafterer Weisheit, tieferer Philosophie zu verleihen.

Jene Scene, von der ich zufällig Zeuge war und die ich als eine meiner tausend Reiseerinnerungen hier aufbewahre, vergegenwärtigte mir fast vollständig den Verkauf und die verschiedenen Gestalten der ganzen Poesie: die drei schwarzen Sklavinnen, die mit den naiven, gedankenlosen Liedern ihrer Heimat die Kinder einwiegten, die Hirten- und Naturpoesie in der Kindheit der Völker; die junge türkische Witwe, die das Andenken ihres Mannes durch so rührende Gesänge feierte, die elegische leidenschaftliche Poesie, die Poesie des Herzens, Die Soldaten und Araber, die Antars kriegerische, verliebte, märchenhafte Lieder sangen, die epische und kriegerische Poesie Nomaden- und eroberungslustigen Völker; die griechischen Mönche, die auf ihren einsamen Terrassen Psalmen sangen, die heilige und lyrische Poesie in den Zeiten religiösen Enthusiasmus. Ich selbst unter meinem Zelte in Nachdenken versunken und über Gott und Welt Betrachtungen anstellend, repräsentierte die Poesie der Philosophie und des Gedankens, Tochter einer Epoche, in der die Menschheit selbst sich das größte Studium ist, in der sie ihr eigenstes Wesen auch in den harmlosesten Gesängen ausspricht.

Dies ist die ganze Poesie der Vergangenheit; aber was wird sie in der Zukunft sein?

Der Garten Salomons

Nach einem Ritt von einer Stunde gelangen wir in ein kleines, schmales und eingezwängtes Tal, das von einem klaren Bache bewässert wird. Es ist der *Garten Salomons*, der Hortus conclusus, der im hohen Liede besungen wird: wirklich bietet auch dieser Platz zwischen den felsigen Kuppen der Berge, die ihn von allen Seiten umgeben, allein Gelegenheit zum Anbau. Und dieses Tal ist stets ein köstlicher Garten, gar sorgfältig gepflegt, der mit seinem schönen feuchten Grün recht auffallend absticht gegen die steinige Dürre seiner ganzen Umgebung.

Er mag eine halbe Meile lang sein. Wir folgen dem Schlangenlauf des von Weiden beschatteten Baches, bald die rosigen Ufer entlang, bald mit unsern Pferden durch sein durchsichtiges über glatte Kiesel hinfließendes Wasser reitend, zuweilen auch von einem Ufer zum andern auf einem Zedernstege übersetzend; wir kommen bei Felsen an, welche den natürlichen Schluß des Tales bilden. Ein Landmann bietet sich uns als Führer über dieselben an, jedoch unter der Bedingung, daß wir absteigen und unsere Pferde seinen Knaben übergeben, die sie auf langen Umwegen uns auf dem Gipfel wieder zuführen würden.

Wir wenden uns rechts und reiten eine Stunde lang mühsam aufwärts; oben treffen wir die schönsten Reste von Altertümern, die wir bis jetzt gesehen haben: drei ungeheure Cisternen in den natürlichen Fels am Abhang des Berges eingehauen, eine über der andern, terrassenförmig; die Wände sind so sauber, die Kanten so scharf, als wären sie eben erst vollendet worden; ihr Rand, wie ein Quai, mit Platten bedeckt, hallte wieder unter den Hufen unserer Pferde. Diese schönen mit durchsichtigem Wasser angefüllten Becken auf dem Gipfel eines kahlen Gebirgs erregen unsere Bewunderung und flößen uns eine hohe Idee von der Macht ein, die einen so großartigen Plan gefaßt und ausgeführt hat; auch sie werden Salomo zugeschrieben. Während ich sie betrachtete, messen meine Reisegefährten sie aus und finden sie sämtlich ungefähr zwischen hundert fünfundsiebzig und vierhundert Fuß lang. Die erste ist die längste, die letzte die breiteste; ihre Oeffnung betragt wenigstens zweihundert Fuß; sie werden immer größer, je höher sie liegen; über der höchsten dieser riesenhaften Zisternen ist eine kleine unter einigem grünen Gesträuche verborgene Quelle, der Fons signatus der Bibel, und sie allein versieht diese Behälter mit Wasser, welche sich sonst in Aquäducte ergossen, die das Wasser bis zu dem Tempel nach Jerusalem leiteten; Ueberreste solcher Wasserleitungen finden sich überall auf unserem Wege. Nicht weit von da umgeben alte Mauern mit Zinnen, wahrscheinlich aus den Zeiten der Kreuzfahrer, einen Raum, wohin die Tradition einen von den Frauen Salomos bewohnten Palast verlegt: es sind keine Spuren mehr davon vorhanden und der Platz, mit Mist und Kot bedeckt, dient gegenwärtig als Hof, in den sich bei Nacht die Hirten mit ihrem Vieh zurückziehen, welche in der Weidezeit auf diesen Bergen sich aufhalten, wie die Schweizerhirten auf den Alpen. Wir kehrten nach Jerusalem zurück auf einer alten breiten gepflasterten Straße, der Weg Salomo's genannt; sie ist noch kürzer und gerader als die von heute Morgen und führt nicht an Bethlehem vorbei; es war schon finstere Nacht, als wir unter dem Gewölbe des Pilgertores eintraten.

Den 25. April, nachdem wir zum letzten Mal das heil. Grab besucht hatten, baten wir den Geistlichen, der uns begleitete, uns außen um die Kirche herumzuführen, damit wir die Unebenheiten des Terrains genau kennen lernen möchten, aus denen sich die Vereinigungen des Grabes und des Kalvarienberges in demselben Gebäude erklären ließen. Es ist schwierig, die Kirche zu umgehen, weil sie von Gebäuden umgeben ist, die den Weg versperren, aber als wir durch einige Höfe und Häuser hindurch gekommen waren, gelang es uns, über die Punkte, die uns interessierten, ins Reine zu kommen, – Wir stiegen hierauf zu Pferd, um hinter den Mauern der Stadt herumzugehen und die Gräber der Könige zu besuchen. –

Nördlich Jerusalem's, wenn man durch das Tor von Damaskus geht, in einer Entfernung von etwa einer halben Stunde, findet man eine *Felsenhöhlung*, die einen Hof von beinahe 20 Fuß in die Tiefe bildet und nach drei Seiten hin durch die mit dem Meißel gehauenen Wände des Felsen verschlossen ist, wodurch sie das Ansehen von Wänden bekommen, die mit Bildhauereien ausgeschmückt sind, deren Verzierungen in dem Stein selbst ausgehauen, Türen,

Pfeiler und Frieße von sehr schöner Arbeit vorstellen. Man darf annehmen, daß die stufenweise Erhöhung des Bodens diese Höhlung um mehrere Fuß ausgefüllt hat; denn die Oeffnung zur Linken am Eingang in den Tempel ist so nieder, daß man nur kriechend hineinkommen kann. Wir hatten mit außerordentlichen Schwierigkeiten zu kämpfen, bis es uns gelang, hineinzukommen und Fackeln darin anzuzünden. Schwärme von Fledermäusen, durch unser Eindringen aufgestört, fielen uns an, kämpften so zu sagen, um den Besitz ihres Gebietes; und wäre unser Rückzug leicht gewesen, so wären wir, glaube ich, vor ihnen zurückgewichen. Nach und nach wurde die Ruhe wieder hergestellt und wir konnten diese Totenkammern untersuchen. Sie sind in den natürlichen Felsen eingehauen. Die Ecken sind so scharf und die Wände so glatt, wie wenn der Steinhauer sie im Steinbruch poliert hätte. Wir besuchten fünf derselben, die durch Oeffnungen mit einander in Verbindung standen, an welchen, ohne Zweifel, einige Felsenstücke angebracht waren, in Gestalt von Toren ausgehauen, die setzt auf dem Boden lagen und zu der Folgerung veranlaßten, daß jede Kammer verschlossen und versiegelt war, als die Nischen, die in den Wänden angebracht waren, um die Sarkophage oder Urnen anzunehmen, noch einen Inhalt hatten. Was waren, oder was mußten die Bewohner dieser, mit so großen Kosten erbauten Wohnungen sein? Dies ist noch sehr im Zweifel. Ueber ihren Ursprung wurde lebhaft gestritten: das Innere, welches einfach und großartig ist, kann bis zum höchsten Altertum hinaufreichen; nichts läßt auf ein bestimmtes Datum schließen. Die äußere Bildhauerei scheint von sehr vollendeter Arbeit zu sein und von einem Geschmack, der rein genug ist, um von den fernsten Zeiten der jüdischen Könige abzustammen; aber seit ich Balbeck gesehen hatte, haben meine Ansichten über die Vollkommenheit, welche die Kunst vor dem bekannten Zeitalter erreicht hatte, eine bedeutende Veränderung erlitten.

Wir setzten unsern Spazierritt über einige Olivenfelder fort, zogen dann über das Tal Josaphat und kehrten um Mittag durch die Mauern von Zion zurück. – Das Grab Davids, der Saal des heiligen Abendmahls und die armenische Kirche, in welcher der versiegelte Stein am Eingang des heiligen Grabes enthalten ist, bestimmte uns, durch dieses Tor, Bab-el-Daud, zurückzukehren; als wir jedoch das unterirdische Gemach besuchen wollten, in welches die Tradition die Gebeine des königlichen Propheten verlegt, widersetzten sich die Türken und sagten uns, der Zutritt sei durchaus verboten: sie glauben, es seien unermeßliche Reichtümer in diesem königlichen Gewölbe verscharrt und die Fremden besitzen das Geheimnis und kommen, um sie zu entdecken und zu entwenden.

Der *Saal des heiligen Abendmahls* ist groß und gewölbt, wird von Säulen getragen und ist durch die Zeit geschwärzt; wenn das altersgraue Ansehen als Beweis gelten darf, so trägt er die Spuren eines hohen Altertums; da er auf dem Berge Zion, damals außerhalb der Stadtmauern, gelegen ist, so wäre es sehr möglich, daß die Jünger nach der Auferstehung sich hierher zurückgezogen und um di Pfingstzeit hier versammelt gewesen wären, wie es die Volkssage behauptet.

Indessen ließ die Plünderung von Jerusalem, unter Titus, beinahe nichts anderes stehen, als die Türme und einen Teil der Mauern; aber die Lagen blieben so hinreichend angedeutet und die ersten Christen mußten eine große Wichtigkeit darein setzen, das Andenken daran, durch allmählige Wiederaufbauung an denselben Orten und oft aus den Trümmern der alten Wohnungen, zu erhalten.

Die Gräber von Siloa.

Bevor ich diesen Gegenstand verlasse, will ich noch ein Wort, durchaus unabhängig von religiösen Erinnerungen, über das Aussehen dieses Dorfes der Gräber, *Siloa* sagen, das mir, wie ein Gemälde, vor den Augen geblieben ist. Diese ganze Einwohnerschaft von wilden Arabern, die in Höhlen und Begräbnisgrotten wohnen, würde für einen Maler eine höchst interessante Scene darbieten; man denke sich in dem tiefen Tale von Siloa Höhlen, deren Oeffnungen, wie Mündungen von Oefen, sich eine über der andern darstellen, auf der Seite eines Felsen zerstreut oder wie die unregelmäßigen Abteilungen eines zerbrochenen Bienenkorbes; und in diesen Totenkammern lebendige Wesen, Weiber, Kinder, die, wie Gespenster, aus den Wohnungen der Toten hervortreten. – Ich weiß nicht, ob dieser Gegenstand schon behandelt wurde, aber ich glaube, er bietet dem Pinsel zugleich alle Kontraste und alle Harmonien dar.

Phantasie und Wirklichkeit

Die Nachrichten aus Jerusalem lauteten so, daß es für uns eine absolute Unmöglichkeit war, jene Stadt zu betreten. Die Pest wurde jeden Augenblick fürchterlicher; sechzig bis achtzig Personen starben jeden Tag; alle Hospitäler, alle Klöster waren geschlossen. Wir hatten den Entschluß gefaßt, zuerst in die Wüste Johannes des Täufers, ungefähr zwei Meilen von Jerusalem, auf die steilsten Gebirge Judäa's zu ziehen, um dort in dem Kloster der lateinischen Mönche für einige Tage Zuflucht zu suchen und dann nach Umständen zu handeln. Der Weg, den der Neffe Abugosch's uns einschlagen ließ, führte nach jener Einöde, Nachdem wir ungefähr zwei Stunden auf abscheulichen Wegen bei verzehrender Sonnenhitze hingeritten waren, fanden wir auf der andern Seite des Berges eine kleine Quelle und den Schatten einiger Olivenbäume; wir machten daselbst Halt. Die Gegend war erhaben. Wir sahen in das schwarze, tiefe Terebinthental hinunter, wo David mit seiner Schleuder den riesigen Philister erlegte. Die Stellung der beiden Heere ist in der Umgrenzung des Tales und dem Abhang und der Lage des Terrains so deutlich beschrieben, daß das Auge unmöglich zweifeln kann. Der ausgetrocknete Bergstrom, an dessen Ufer David die Steine auflas, zog seine weißliche Linie mitten durch das enge Tal und bezeichnete, wie in der Erzählung der Bibel, die Trennung der beiden Lager. Ich hatte weder eine Bibel noch eine Reisebeschreibung zur Hand. Es war Niemand da, der mir Aufschluß hätte geben können, über die Orte oder den alten Namen der Gebirge und Täler; aber die Phantasie meiner Kindheit hatte die Gestalt der Orte, das physische Aussehen der Schauplätze des alten und neuen Testaments nach den Erzählungen und Abbildungen der heiligen Bücher mit einer solchen Lebendigkeit und Wahrheit sich vorgestellt, daß ich augenblicklich das Terebinthental und das Schlachtfeld Sauls erkannte. Als wir im Kloster waren, war das Erste, daß ich mir durch die Väter die Richtigkeit meiner Ahnungen bestätigen ließ. Meine Reisegefährten konnten es nicht glauben.

Dasselbe war mir in Sephora, mitten in den Hügeln von Galiläa begegnet. Ich hatte auf einen mit einem Zerstörten Schlosse bedeckten Hügel mit dem Finger hingewiesen und ihn mit seinem Namen als den wahrscheinlichen Ort der Geburt der heiligen Jungfrau bezeichnet.

Am folgenden Tag ging es mir ebenso mit dem Wohnsitze der Maccabäer in Mobin; als ich am Fuße eines kahlen Berges vorüberkam, auf welchem einige Trümmer einer Wasserleitung lagen, erkannte ich das Grab der letzten großen Bürger des jüdischen Volkes und hatte unbewußt Recht.

Die Phantasie des Menschen ist wahrhaftiger, als man denkt; sie baut nicht immer mit Träumen, sondern entscheidet nach einer vom Instinkt eingegebenen Vergleichung von Bildern und Tatsachen, die ihr sicherere und deutlichere Resultate geben, als die Wissenschaft und die Logik. Außer den Tälern des Libanon, den Ruinen von Balbeck, den Ufern des Bosporus in Konstantinopel und dem ersten Anblick von Damaskus von der Höhe des Antilibanon herab, habe ich beinahe nie einen Ort und einen Gegenstand getroffen, die nicht beim ersten Anblick wie eine Erinnerung mir vorkamen!

Haben wir zweimal oder tausendmal gelebt? Ist unser Gedächtnis nur ein getrübter Spiegel, den der Geist Gottes wieder belebt? Oder haben wir wohl in unserer Phantasie die Ahnung und die Kraft zu schauen, ehe wir wirklich sehen? Unlösbare Frage!

Erster Blick auf Jerusalem

Den 28. Oktober, 5 Uhr Morgens brachen wir aus der Wüste St. Johannes des Täufers auf. Wir erwarten die Morgenröte zu Pferde in dem von hohen Mauern umgebenen Hofe des Klosters, um nicht in der Finsternis mit den verpesteten Arabern des Dorfes und von Bethlehem in Berührung zu kommen. Um halb sechs Uhr sind wir auf dem Wege. Wir besteigen einen Berg, der ganz mit ungeheuren grauen Felsen, Block an Block, besäet ist, welche aussehen, als ob der Hammer sie behauen hätte. – Einige rankende Weinreben mit herbstgelben Blättern ziehen sich durch kleine umgebrochene Felder in den Zwischenräumen der Felsen.

Zu unserer Rechten dehnt sich die Wüste des heiligen Johannes, wo die Stimme erschallte, – vox clamavit in deserto, – wie ein ungeheurer Abgrund zwischen fünf oder sechs hohen, düsteren Bergen und in dem Zwischenraum, welchen ihre felsigen Gipfel lassen, öffnet sich vor unsern Augen der Horizont des ägyptischen Meeres mit einem schwärzlichen Schaume bedeckt; zu unserer Linken und ganz nahe bei uns, ist die Ruine eines antiken Turmes oder Schlosses, auf der Spitze eines sehr hohen Hügels, welche, wie Alles, was sie umgibt, immer mehr zerfällt: man unterscheidet noch einige andere Ruinen, wahrscheinlich die Bogen einer Wasserleitung, die von diesem Schlosse heranführte; unten am Abhang des Gebirgs wachsen einige Weinranken und bilden über diese zerfallenen Bogen her einige Lauben von blaßgelbem Grün; eine oder zwei Terebinthen wachsen einsam zwischen diesen Trümmern; es ist Modin, die Burg und das Grab der letzten Helden der heiligen Geschichte: – der *Makkabäer*. –

Wir lassen diese von den höchsten Strahlen der Morgensonne beleuchteten Ruinen hinter uns liegen; diese Strahlen zerfließen nicht, wie in Europa, in einem mächtigen blendenden Gefunkel, sie schießen vielmehr von der Höhe der Berge, welche uns Jerusalem verdecken, wie ein Büschel feuriger, verschiedenfarbiger Pfeile, welche an den Himmel immer mehr auseinanderfallen, je weiter sie sich von dem Mittelpunkte entfernen: die einen sind von einem leichten Silberblau; die andern von einem matten Weiß; diese von einer zarten blaßroten Färbung an ihrem Rande, jene von einer brennenden und wie die Flamme bei einer Feuersbrunst glühenden Feuerfarbe, – durch stufenweisen Farbenwechsel geteilt und doch harmonisch zusammenstimmend: sie gleichen einem glänzenden Regenbogen, dessen Kreis sich am Firmamente gebrochen und stückweise an der Luft zerstreut hat: – es ist das dritte Mal, daß diese schöne Erscheinung bei Sonnenauf- oder Untergang unter dieser Gestalt sich uns darstellt, seit wir in der gebirgigen Region von Judäa und Galiläa sind. Es ist der Morgen oder der Abend, wie die alten Maler ihn vorstellen, ein Bild, welches dem falsch erscheinen würde, der das Urbild desselben nicht gesehen hat.

Je weiter der Tag vorrückt, desto mehr vermindert sich der bestimmte Glanz und die azurne oder brennende Farbe jeder dieser Lichtbarren und fließt in Eines zusammen mit der allgemeinen Beleuchtung der Atmosphäre; der Mond, welcher noch rosig und feuerfarben über unsern Häuptern schwebt, wird blasser, nimmt eine Perlenmutterfarbe an und taucht allmählig unter in der Tiefe des Himmels, eine silberne Scheibe, deren Farbe immer blässer wird, je weiter sie in ein tiefes Wasser sich hinabsenkt.

Nachdem wir über einen zweiten Berg geritten waren, noch höher und kahler denn der erste, öffnet sich der Horizont auf einmal zur Rechten und läßt die ganze Gegend, welche zwischen den letzten Berggipfeln *Judäas* wo wir uns eben befinden, und der hohen Gebirgskette Arabiens sich hinzieht, erblicken. Dieser ganze Raum ist bereits von dem wogenden dunstigen Lichte des Morgens übergossen; hinter den unteren Hügeln, welche in Blöcke von grauen zertrümmerten Felsen zerschmettert zu unsern Füßen liegen, unterscheidet das Auge nichts mehr, als jenen blendend hellen Raum, der so auffallend einem großen Meere gleicht und der diese Illusion so vollkommen für uns machte, daß wir jene dunkeln Schattenstreifen und matten silberfarbigen Flecken zu erkennen glauben, womit der anbrechende Tag ein ruhiges Meer beleuchtet oder verdunkelt. Am Ufer dieses eingebildeten Oceans, ein wenig links von unserem Horizont und ungefähr eine Meile von uns entfernt, beschien die Sonne einen viereckigen Turm, ein schlankes Minaret und die hohen gelben Mauern einiger Gebäude, welche den Gipfel eines niedrigen Hügels krönen und deren Grundstock der Hügel selbst uns verbarg: aber an einigen Punkten der Minarets, an einigen Zinnen der höchsten Mauern und an der dunkelblauen Kuppel einiger Dome, welche hinter dem Turm und dem großen Minaret pyramidenförmig emporstiegen, *erkannte man eine Stadt,* von der wir nur den höchsten Teil erblicken konnten und welche die Abhänge des Hügels hinunter lag: es konnte nichts sein als *Jerusalem.* Wir glaubten uns noch viel weiter davon entfernt und keiner von uns, aus Furcht, seine Illusion zerstört zu sehen, wagte den Führer zu fragen, sondern genoß stillschweigend diesen ersten verstohlen auf die Stadt geworfenen Blick, und Alles verriet meinem Geiste den Namen *Jerusalem.* Sie war es: sie zeichnete sich in matter, dunkelgelber Färbung auf dem blauen Grunde des Firmaments und dem schwarzen des Oelberges ab. Wir hielten unsere Pferde an, um sie in dieser geheimnisvollen blendenden Erscheinung zu betrachten. Jeder Schritt, welchen wir zu machen hatten, um die tiefen, düstern Täler, die zu unsern Füßen lagen, hinabzusteigen, entzog unfern Augen wieder immer mehr ihren Anblick: hinter diesen hohen Mauern und niedern Kuppeln von Jerusalem erhob sich ein hoher, breiter Hügel in einer zweiten Linie, dunkler als die, welche die Stadt trug und verdeckte: dieser zweite Hügel war für uns die Grenze des Horizontes. Die Sonne ließ seinen westlichen Abhang im Schatten, aber indem sie mit ihren senkrechten Strahlen seiner einer breiten Kuppel ähnlichen Gipfel beleuchtete, schien sie seine durchsichtige Spitze in dem Lichtmeere schwimmen zu lassen und man erkannte die unbestimmte Grenze zwischen Himmel und Erde nur an einigen großen schwarzen Bäumen, welche auf dem höchsten Gipfel gepflanzt waren und zwischen deren Zweigen die Sonne ihre Strahlen spiegeln ließ; es *war der Oelberg*; es waren jene Olivenbäume, die alten Zeugen so vieler auf der Erde und im Himmel aufgezeichneten Tage, befeuchtet von göttlichen Tränen, von dem blutigen Schweiße und seit der Nacht, die sie geheiligt hat, von so viel andern Tränen, so viel anderm Schweiße. Man unterschied undeutlich noch ein Paar andere, welche dunkle Schatten auf seine Abhänge warfen; dann schnitten die Mauern von Jerusalem den Horizont ab und verdeckten den Fuß des heiligen Berges: näher bei uns und unmittelbar unter unsern Augen nichts als die Steinwüste, welche die Vorhalle einer Stadt von Steinen bildet: diese ungeheuren gesprengten Steine von einer einförmigen aschgrauen Farbe erstrecken sich ununterbrochen von dem Orte an, wo wir uns befanden, bis zu den Toren Jerusalems. Die Hügel senken und heben sich, schmale Täler schlängeln sich um ihren Fuß herum; einige der letztern erweitern sich da und dort, wie um das Auge des Menschen zu täuschen und ihm Vegetation und Leben zu verheißen; aber alles ist Stein, Hügel, Täler und Ebenen; es ist nur ein einziges, zehn bis zwölf Fuß tiefes Lager von gesprengten Felsen, welche kaum so viel Raum zwischen sich lassen, daß das Gewürme durchkriechen oder der Fuß des Kamels, das hineindringt, brechen kann. Wenn man sich ungeheure Mauern von kolossalen Steinen denkt, wie die des Collosseums oder die der römischen Theater sind, welche, als ganze Stücke umgefallen, den tragenden Boden mit ungeheuren Mauerstücken bedeckten, so wird man einen genauen Begriff von der Lage und Natur der Felsen bekommen, welche überall diese letzten Wälle der Stadt der Wüste bedecken. Je näher man kommt, desto enger häufen sich die Steine aufeinander und erheben sich wie ewige Lawinen, die den Vorüberziehenden im Augenblicke begraben zu wollen scheinen. Die letzten Schritte, welche man noch zu machen hat, ehe man Jerusalem entdeckt, führen über einen Pfad, der in die Mitte durch den starren, düstern Hohlweg dieser Felsen gehauen ist, welche sich zehn Fuß über dem Kopf des Reisenden erheben und Nichts sehen lassen als den Teil des Himmels, der über ihnen ist: wir waren in diesem letzten traurigen Hohlwege und ritten schon eine Viertelstunde darin hin, als die Felsen auf einmal zur Rechten und Linken auseinander traten und wir den Mauern von Jerusalem, denen wir nun Allem nach nahe sein mußten, gegenüberstanden

Eine leere Strecke von einigen hundert Schritten lag noch allein zwischen dem Tore von Bethlehem und uns: dieser Raum, trocken und wellenförmig, wie die Abdachung der Brustwehren, welche die festen Plätze Europas in weitem Kreise umgeben, von eben so trostlosem Aussehen, öffnete sich zur Rechten und endigte in ein schmales Tal, das allmählig sanft abfiel, und zur Linken trug es fünf alte Olivenstämme, unter der Macht der Zeit und der Sonnenhitze halb darnieder gestreckt; so zu sagen versteinerte Bäume, unfruchtbaren Feldern nicht ungleich, denen sie kümmerlich entwuchsen.

Vor den Toren

Das Tor von Bethlehem, von zwei mit gotischen Zinnen versehenen Türmen beherrscht, aber still und öde, wie jene alten Tore verlassener Burgen, lag offen vor uns. Wir machten einige Minuten Halt, um es zu betrachten; zwar brannten wir vor Verlangen, in die Stadt einzutreten, aber die Pest hatte in Jerusalem den höchsten Grad erreicht: man hatte uns in dem Kloster St. Johannis des Täufers in der Wüste nur auf das feierliche Versprechen hin aufgenommen, die Stadt nicht zu betreten. Wir zogen nicht in dieselbe ein, – sondern wandten uns links und ritten langsam an den hohen Mauern hinab, welche auf der andern Seite einer tiefen Schlucht oder eines Grabens gebaut waren, wo wir von Zeit zu Zeit die Grundsteine der alten Ringmauer des Herodes bemerkten. Bei jedem Schritt stießen wir auf die türkischen *Kirchhöfe* mit ihren weißen vom Turban bedeckten Grabmälern: diese Kirchhöfe, deren Einsamkeit die Pest jede Nacht bevölkerte, waren da und dort mit Gruppen türkischer und arabischer Frauen angefüllt, welche hier ihre Männer oder Väter beweinen wollten. Auch ein paar Zelte waren auf den Gräbern aufgeschlagen und sieben oder acht Frauen saßen oder lagen auf den Knieen, schöne Kinder, welche sie säugten, auf ihren Armen haltend, und stießen von Zeit zu Zeit lang gezogene Klagetöne aus oder ließen Trauergesänge und Trauergebete hören, deren fromme Melancholie wunderbar gut zu der trostlosen Scene paßte, welche wir vor uns hatten.

Das Tal Kidron

Halbwegs auf dem Abhange, der uns nach dem Kidron und an den Fuß des Oelberges führte, sahen wir eine tiefe offene Grotte nicht weit von den Gräbern der Stadt, unter einem Hügel von gelblichem Gestein. Ich wollte mich hier nicht aufhalten, sondern vor Allem Jerusalem sehen und Nichts als das, und zwar ganz mit einem Blick samt seinen Tälern und Hügeln, seinem Josaphat und seinem Kidron, seinem Tempel und seinem Grabe, seinen Ruinen und seinem Horizont!

Wir zogen an dem Tore von Damaskus vorbei, einem herrlichen Denkmal arabischer Architektur, an welches zwei Türme sich anlehnen; es öffnet sich in einem weiten, hohen, hübschen Chorgewölbe und ist in arabesken Zinnen in der Form von steinernen Turbanen ausgezackt. Hierauf wandten wir uns zur Rechten gegen den Winkel der Stadtmauern, welche auf der Nordseite ein regelmäßiges Viereck bilden, indem wir zur Linken das dunkle tiefe Tal von *Gethsemane* hatten, dessen Grund der ausgetrocknete Kidron einnimmt und ausfüllt; wir verfolgten bis zum Tore des heiligen Stephan die Mauern entlang einen schmalen Pfad, unterbrochen durch zwei schöne Teiche, in deren einem Christus den Lahmen heilte. Dieser Pfad zieht sich auf einem schmalen Rande hin, welcher das steile Tal von Gethsemane und das Tal Josaphat beherrscht: an dem St. Stephanstore ist er gegen die senkrechten Terrassen hin unterbrochen, welche den Tempel Salomos trugen und auf denen heutzutage die Moschee Omars steht; ein steiler breiter Absturz fällt auf einmal zur Linken nach der Brücke zu ab, welche über den Kidron nach Gethsemane und dem Garten am Oelberg führt. Wir passierten diese Brücke und stiegen wieder vom Pferde vor einem prächtigen Gebäude von verschiedenartiger Architektur, aber einem ernsten antiken Charakter; es liegt wie begraben im tiefsten Grunde des Tales von Gethsemane und nimmt dessen ganze Breite ein. Man vermutet, daß es das *Grab der heiligen Jungfrau* sei: es gehört den

Armeniern, deren Klöster von der Pest am heftigsten heimgesucht waren.

Wir betraten daher das Allerheiligste des Grabes selbst nicht; ich begnügte mich, aus der marmornen Treppe des Hofes, über welche man zu diesem hübschen Tempel kommt, niederzuknieen und die anzurufen, deren fromme zarte Verehrung jede Mutter schon frühzeitig ihr Kind lehrt; als ich wieder ausstand, bemerkte ich hinter mir ungefähr einen Morgen Landes, welches auf einer Seite an das hohe Ufer des Baches Kidron stieß und auf der andern sanft gegen den Fuß des Oelbergs hin aufstieg.

Die Sprache der Olivenbäume

Eine kleine aus Steinen ohne Mörtel aufgebaute Mauer umgibt dieses Feld, und *acht Olivenbäume*, je dreißig bis vierzig Schritte voneinander entfernt, bedecken dasselbe beinahe ganz mit ihrem Schatten. Diese Olivenbäume gehören zu den dicksten dieser Art, die ich je getroffen habe; die Tradition datiert sie schon von dem denkwürdigen Todeskampfe des Gottmenschen, welcher sie erwählte, um seinen göttlichen Schmerz unter ihnen auszuweinen. Ihr Aussehen könnte zur Not die fromme Sage bestätigen; ihre ungeheuren Wurzeln so wie auch die hundertjährigen Schößlinge haben die Erde und die Steine, von denen sie bedeckt waren, durchbrochen und bieten, indem sie sich mehrere Fuß über die Fläche des Bodens erheben, dem Pilger natürliche Ruhepunkte dar, wo er niederknieen oder sich hinsetzen kann, um die heiligen Gedanken in sich aufzunehmen, die von ihren schweigenden Wipfeln sich heruntersenken. Ein knotiger, ausgehöhlter, vor dem Alter wie mit tiefen Runzeln durchfurchter Stamm ragt, eine gewaltige Säule, über diese Gruppen von Wurzeln und neigt sich wie von der Last der Jahre darniedergebeugt zur Rechten oder Linken und läßt seine weit verbreiteten verschlungenen Aeste herunterhängen, welche die Axt schon hundertmal abgehauen hat, um sie zu verjüngen. Diese alten plumpen Aeste, welche gegen den Stamm sich hinneigen, tragen andere jüngere, welche sich ein wenig gen Himmel erheben und aus denen wieder mehrere ein- oder zweijährige Schößlinge hervorsprießen, mit einigem Blätterwerk gekrönt, aus dem da und dort einige dunkelblaue Oliven hervorschauen, welche wie himmlische Reliquien dem christlichen Wanderer vor die Füße fallen.

Ich entfernte mich von der Karawane, welche bei dem Grabe der Jungfrau geblieben war und setzte mich einen Augenblick unter den einsamsten, ältesten dieser Olivenbäume; sein Schatten verbarg mir die Mauern von Jerusalem; sein dicker Stamm entzog mich den Blicken der Hirten, welche schwarze Schafe auf dem Abhang des Olivenberges hintrieben.

Ich hatte nichts vor Augen, als die tiefe zerrissene Schlucht des Kidron und die Wipfel von einigen andern Olivenbäumen, welche in dieser Gegend das Tal Josaphat seiner ganzen Breite nach bedecken. Kein Geräusch erhob sich aus dem Bette des trockenen Baches: kein Blatt zitterte auf dem Baume; ich schloß einen Augenblick die Augen und versetzte mich in Gedanken in den Vorabend der Erlösung des menschlichen Geschlechtes, wo der göttliche Gesandte den Todeskelch bis auf die Hefe trank, ehe er von Menschenhand den Tod empfing als Lohn seiner himmlischen Botschaft.

Gethsemane

Ich verlangte meinen Teil an jenem Heile, das er der Welt zu so hohem Preise gebracht hatte; ich stellte mir das Meer von Schmerzen vor, welches das Herz des Menschensohnes überschwemmen mußte, als er mit Einem Blicke all das Elend, die Finsternis, die Bitterkeit, die Eitelkeit und die Unbilden des menschlichen Geschickes überschaute; als er allein diese Last von Unglück und Verbrechen, unter welchen die ganze Menschheit gebückt und seufzend durch dieses enge Tränental hingeht, auf sich nehmen wollte; als er einsah, daß man dem Menschen keine neue Wahrheit und Tröstung bringen könne, als um den Preis seines Lebens; als er, zurückschaudernd vor dem Schatten des Todes, den er bereits über sich fühlte, zu seinem Vater sprach: »Ist's möglich, so gehe dieser Kelch an mir vorüber!«

Und ich, ein elender, schwacher, unwissender Mensch, ich konnte am Fuß des Baumes ebenfalls über die menschliche Schwachheit ausrufen: »Herr! ist's möglich, so lasse alle diese bittern Kelche an mir vorübergehen und gieße du sie aus in jenen Kelch, der bereits für uns Alle getrunken ward! Er hatte die Kraft, ihn bis auf die Hefe zu leeren, – er kannte dich, er hatte dich gesehen; er wußte, warum er ihn trinken sollte; er wußte, welches unsterbliche Leben in der Tiefe dreitägiger Grabesnacht seiner wartete; – aber ich, Herr, was kenne ich außer dem Leiden, das mein Herz bricht und der Hoffnung, die Er mich gelehrt hat?«

Ich erhob mich und verwunderte mich, wie dieser Ort von der Vorsehung so ganz besonders glücklich zum Schmerzensschauplatz der Leiden des Gottmenschen auserwählt war. Es war ein enges, geschlossenes, tiefes Tal; im Norden von düstern, nackten Höhen umgeben, welche die Gräber der Könige trugen; im Westen von den dunkeln, riesenhaften Mauer einer Stadt der Ungerechtigkeit beschattet; östlich vom Gipfel des Olivenberges überragt und von einem Bach durchwässert, der seine bittern gelblichen Wellen über die zerbrochenen Felsen des Tales Josaphat hinwälzte. Ein Paar Schritte von da springt ein schwarzer kahler Felsen, gleich einem Vorgebirge, vom Fuße des Berges vor, und trägt, über dem Kidron und dem Tale schwebend, einige alte Gräber von Königen und Patriarchen von gigantischer, sonderbarer Architektur und ragt wie die Brücke des Todes über das Jammertal her!

Zu jener Zeit waren ohne Zweifel die jetzt halb nackten Abhänge des Oelberges von dem Wasser der Teiche und dem immer noch fließenden Kidron benetzt. Gärten von Granat-, Orangen- und Olivenbäumen bedeckten mit einem düsteren Schatten das enge Tal von Gethsemane, welches wie ein Schmerzenslager in dem schmalsten, finstersten Grunde des Tales Josaphat sich aushöhlt.

Der Mann der Schmach, der Mann des Schmerzes konnte hier wie ein Verbrecher sich verbergen zwischen den Wurzeln einiger Bäume, zwischen den Felsen des Daches, unter dem dreifachen Schatten der Stadt, des Berges und der Nacht; er konnte von hier aus hören die heimlichen Schritte seiner Mutter und seiner Jünger, welche des Weges daher kamen, um ihren Sohn und ihren Meister zu suchen; das verworrene Geräusch, das stumpfsinnige Geschrei der Stadt, welches über seinem Haupte sich erhob als Zeichen der Freude, die Wahrheit besiegt und die Gerechtigkeit verbannt zu haben; und das klagende Rauschen des Kidron, welcher seine Wogen zu seinen Füßen hinrollte und bald seine Stadt zerstört und seine Quellen unter dem Fall einer blinden, sündhaften Nation begraben sehen sollte. Konnte Christus den Ort für seine Tränen besser wählen? konnte er mit dem blutigen Schweiße ein Feld befeuchten, das mehr von Elend gefurcht, mehr von Traurigkeit bewässert, mehr mit Klagen getränkt gewesen wäre?

Ich stieg wieder zu Pferde, wandte jeden Augenblick den Kopf, um etwas mehr vom Tale und der Stadt zu bemerken und erstieg in einer Viertelstunde den *Oelberg:* jeder Schritt, den mein Pferd auf dem Pfad, der hinaufführt, machte, entdeckte mir ein Viertel oder wenigstens ein Gebäude weiter von Jerusalem. Ich kam auf dem Gipfel an, auf dem eine in Trümmern liegende Moschee steht, welche den Platz einnimmt, wo Christus nach seiner Auferstehung gen Himmel fuhr; ich bog ein wenig zur Rechten von dieser Moschee ein, um zu zwei zerbrochenen Säulen zu gelangen, welche am Fuße einiger Olivenbäume auf dem Boden lagen. Auf einer hohen Fläche, von der aus man zugleich Jerusalem, Zion und die Täler von St. Saba, welche zum toten Meere führen, so wie das tote Meer selbst erblickt, wie es zwischen den Gipfeln der Berge und dem ungeheuren von verschiedenen Höhen durchbrochenen Horizonte schimmert, welcher von den Gebirgen Arabiens begrenzt wird; hier setze ich mich nieder.

Am Platz von Salomons Tempel

– Die Scene vor mir ist folgende: –

Der Oelberg, auf dessen Gipfel ich sitze, fällt in jähem Absturz rasch gegen den tiefen Abgrund ab, welcher ihn von Jerusalem trennt und das *Tal Josaphat* heißt. Aus dem Hintergrunde dieses düstern engen Tales, an dessen nackten Wänden schwarze und weiße Steine hängen, Leichensteine, die rings um dasselbe zerstreut sind, erhebt sich ein mächtiger Hügel von bedeutendem Umfange, dessen steiler Abfall dem eines hohen eingestürzten Walles gleicht; kein Baum kann hier Wurzel fassen, selbst kein Moos kann hier seine Fasern anhängen; der Absturz ist so jäh, daß die Erde und die Steine unaufhörlich herabrollen, und bietet dem Auge Nichts dar, denn eine Fläche von trockenen, ausgedörrtem Sande, als wären es von der Stadt herabgefallene Aschenhaufen. Etwa in der Mitte dieses Hügels oder dieses natürlichen Walles nehmen hohe starke Mauern, welche auf ihrer Außenseite nicht behauen sind, ihren Anfang, indem sie ihren römischen und hebräischen Grundstock eben unter der Asche bergen, welche ihren Fuß bedeckt, und erheben sich hier fünfzig, hundert und weiterhin zwei bis dreihundert Fuß über das Niveau der Erde. – Die Mauern sind von drei Stadttoren durchbrochen, von welchen zwei zugebaut sind und ein einziges gerade vor uns offen ist und so öde und verlassen scheint, als führe es in eine unbewohnte Stadt. Die Mauern sind noch höher als diese Tore und tragen eine breite geräumige Terrasse, welche auf der östlichen Seite sich auf zwei Dritteile der Länge von Jerusalem hinzieht; diese Terrasse mag nach meinem Augenmaß tausend Fuß lang und fünf bis sechshundert Fuß breit sein; sie ist beinahe ganz eben, ausgenommen in ihrer Mitte, wo sie sich unmerklich aushöhlt, als wollte sie dem Auge das nicht sehr tiefe Tal in die Erinnerung zurückrufen, welches einst den Hügel Zion von der Stadt Jerusalem trennte.

Diese prächtige Plattform war das erhabene Fußgestell, auf welchem der *Tempel Salomons* sich erhob; sie trägt heutzutage *zwei türkische Moscheen*: die eine El-Sakara, in der Mitte der Plattform, gerade auf der Stelle, wo der Tempel gestanden haben soll; die andere am südöstlichen Ende der Terrasse, ganz nahe an den Mauern der Stadt. Die Moschee Omar's oder El-Sakara, ein merkwürdiges Gebäude arabischer Architektur, ist ein Block von Stein und Marmor in ungeheuren Dimensionen mit acht Seiten: jede Seite mit sieben in Ohrgewölben auslaufenden Arkaden verziert; über dieser ersten architektonischen Reihe ein terrassenförmiges Dach, aus dem eine Reihe noch enger bei einander stehender Arkaden sich erhebt, über die oben eine hübsche kupferne, ehmals vergoldete Kuppel sich wölbt. – Die Mauern der Moschee sind mir blauem Email bekleidet; zur Rechten und Linken ziehen sich breite Wände hin, von schlanken maurischen Säulen begrenzt, entsprechend den acht Toren der Stadt. Jenseits dieser von dem ganzen übrigen Gebäude getrennten Hallen ziehen sich die Plattformen weiter und endigen, die eine an der nördliche« Seite der Stadt, die andere an den Mauern der südlichen Höhe, wie zufällig hieher gekommene Cypressen, einige Olivenbäume und hübsches grünes Gebüsch, welches da und dort zwischen den Moscheen wächst, erheben ihre zierliche Architektur und die glänzende Farbe ihrer Mauern durch die pyramidische Form und das Dunkelgrün, mit dem sie sich auf der Fassade der Tempel und der Kuppeln der Stadt abzeichnen. –

Die strahlende Stadt – eine Vision

Jenseits der beiden Moscheen und des Tempels dehnt sich ganz *Jerusalem* hin und springt so zu sagen vor uns auf. ohne daß dem Auge ein Dach oder ein Stein entginge, wie der erhaben gearbeitete Plan einer Stadt, welchen der Künstler auf einem Tische ausbreitet. Diese Stadt ist nicht, wie man sie uns vorgestellt hat, ein unförmlicher verworrener Haufe von Trümmern und Asche, auf welchen einige Hütten von Arabern hingeworfen oder ein Paar beduinische Zelte aufgeschlagen sind; nicht wie Athen ein Chaos von Staub und eingestürzten Mauern, wo der Reisende umsonst den Schatten von Gebäuden, die Spur von Straßen, das Traumbild einer Stadt sucht: nein, eine licht- und farbenschimmernde Stadt! – sie bietet den Blicken noch voll Stolz ihre unberührten, zinnenbedeckten Mauern; ihre blaue Moschee mit weißen Säulengängen, ihre tausend strahlenden Kuppeln, auf welche das Licht der herbstlichen Sonne fällt und in blendendem Dufte zurückgespiegelt wird; die Fassaden ihrer von der Zeit und dem Klima mit der goldgelben Farbe der Gebäude von Pästum oder Rom bemalten Häuser; ihre alten Türme, die Wächter ihrer Mauern, an denen kein Stein, keine Schießscharte, keine Zinne fehlt. Und endlich mitten in diesem Ocean von Häusern und dieser Wolke von kleinen Kuppeln, welche sie bedecken, eine schwarze gedrückte Kuppel von größerem Umfange als die andern, über die noch eine weiße Kuppel herragt; es ist *das heilige Grab* und die *Schädelstätte*; sie verschwimmen und versinken von hier aus in dem unendlichen Labyrinth von Kuppeln, Gebäuden und Straßen, welche sie umgeben, und es ist schwer, sich so von der Lage der Schädelstätte und des heiligen Grabes zu überzeugen, welche, nach den Berichten des Evangeliums zu schließen, auf einem außerhalb der Mauern sich erhebenden Hügel und nicht in der Mitte von Jerusalem sich befinden sollten! Die Stadt, die aus der Seite von Zion sich verengert, tritt ohne Zweifel auf der nördlichen Seite wieder weiter auseinander, um mit ihrer Ringmauer die beiden Plätze zu umfassen, welche ihren Ruhm und ihre Schande ausmachen, den Schauplatz der Hinrichtung des Gerechten und den der Auferstehung des Gottmenschen!

Dies ist die Stadt von der Höhe des Oelberges herab! Sie hat keinen Horizont hinter sich, weder auf der westlichen, noch auf der östlichen Seite, Die Linie ihrer Mauern und ihrer Türme, die Spitzen ihrer zahlreichen Minarette, die Kuppeln ihrer schimmernden Dome zeichnen sich nackt und grell auf dem blauen Grunde eines orientalischen Himmels ab; und die Stadt, so von der Breite ihrer hohen Fläche, auf der sie steht, sich darstellend, scheint noch in dem ganzen alten Glanze der Prophetenzeit zu strahlen, oder nur auf ein Wort zu warten, um aus ihren siebzehn nacheinander folgenden Zerstörungen wieder in all ihrer blendenden Schönheit hervorzugehen und jenes *neue Jerusalem* zu werden, *welches aus dem Schoße der Wüste in leuchtender Klarheit aufsteigt!*

Es ist die blendendste Erscheinung, welche das Auge von einer Stadt haben kann, die nicht mehr ist; denn sie scheint noch zu existieren und zu strahlen, wie eine Stadt voll Jugend und Leben; indessen, wenn man sie aufmerksam betrachtet, findet man, daß es in der Tat nichts weiter ist, als eine schöne Vision der Stadt Davids und Salomons. Kein Geräusch erhebt sich auf ihren Plätzen und in ihren Straßen; es gibt keine Wege mehr, welche zu ihren Toren gegen Osten oder Westen, gegen Süden oder Norden führen; es gibt nur einige Pfade, welche ganz aufs Geratewohl zwischen den Felsen sich hinschlängeln, wo einem Nichts begegnet wie ein paar halbnackte Araber, die auf ihren Eseln reiten oder einige Kameltreiber von Damaskus, oder einige Weiber aus Bethlehem oder Jericho, welche auf ihren Köpfen Körbe mit Trauben von Engaddi oder mit Tauben tragen, welche sie unter den Terebinthen außerhalb der Tore der Stadt an diesem Morgen verkaufen wollen.

In der Heiligen Stadt

Als wir uns Jerusalem näherten, war uns die Aussicht auf die Mauern durch ein großes Lager der Truppen Ibrahim Paschas verdeckt. Die Schildwachen treten vor, fragen uns aus, sprechen mit unserem Dragoman und bahnen uns den Weg durch das Lager.

Bald befinden wir uns vor dem Zelte des Generals. Die aufgehobenen Vorhänge zeigen uns ihn selbst, auf einem Divan von Kaschmir ausgestreckt, von seinen Offizieren umgeben, die einen stehend, die andern auf persischen Teppichen sitzend; ihre bunten Kleider mit schönen Pelzen eingefaßt und mit Gold gestickt, ihre blinkenden Waffen, die schwarzen Sklaven, welche ihnen den Kaffee in den silbernen Flujeans reichten, bildeten für uns eine neue glänzende Scene. Um diese Zelte her führten Sais Koppeln von den schönsten arabischen Hengsten, um den Schaum auf ihrem schimmernden Haare trocknen zu lassen. Andere, an Pflöcke gebunden, wieherten vor Ungeduld, stampften auf den Boden und schossen feurige Blicke auf eine Reiterabteilung, die eben abgehen wollte. Die ägyptischen Truppen, aus jungen Conscribierten bestehend, in einem knappen, enganliegenden Anzug, halb europäisch, halb orientalisch, stachen sehr ab gegen die in faltige Gewänder gehüllten Araber. Und doch waren es diese kleinen, häßlichen, übelgebauten Aegypter, welche eine Eroberung nach der andern machten und den Sultan in seinem Serail zu Konstantinopel beben machten!

Wir treten *in die heilige Stadt* ein durch das Tor von Bethlehem, und wenden uns unmittelbar links, um das Viertel des lateinischen Klosters zu erreichen. Da man hier keine Frauen aufnehmen kann, so ergreifen wir Besitz von einem gewöhnlich unbewohnten Hause, das jedoch zur Aufnahme der Fremden dient, wenn das Kloster der Väter des heiligen Landes bereits voll ist. Wir breiten Matratzen auf den für diesen Zweck errichteten Bänken aus, in der Hoffnung, von den Anstrengungen des Tages auszuruhen und die Kraft wieder zu gewinnen, um neue und noch erschöpfendere auszuhalten. Aber von tausenden von Insekten, Moskitos, Flöhen und Wanzen verfolgt, welche ohne Zweifel in den verlassenen Gemächern keine Nahrung gefunden, oder, noch widerwärtigere Vermutung, von einigen jener zerlumpten Pilger, denen wir begegnet, zurückgelassen worden waren, war es unmöglich, ein Auge zuzutun und man mußte die Nacht mit beständigen Abwehren dieser Tiere hinbringen, indem man unaufhörlich den Platz wechselte. Auch suchte einer unserer Reisegefährten, trotz unserer Ermahnungen zur Geduld, endlich eine Zuflucht im Kloster selbst. Der Schaffner besuchte uns und sagte: wenn er nur vorher von unserer Ankunft unterrichtet gewesen wäre, so hätte er ein besseres Quartier zu unserer

Aufnahme eingerichtet und versprach für den folgenden Tag Alles anzuordnen. Ich ergieße mich in Entschuldigungen und versichere ihn, daß es uns an nichts fehlt, und noch muß ich erröten über unsere Empfindlichkeit, diesem bescheidenen Apostel der Armut und Entsagung gegenüber.

Der Schaffner war ein Spanier von überlegenem Geiste und besaß eine hohe Menschen- und Sachkenntnis. Während unseres Aufenthalts in Jerusalem hatte ich Gelegenheit, ganz besonders seine nachsichtige Güte, sein Verdienst und den Nutzen seines Einflusses im Kloster des heiligen Landes schätzen zu lernen; aber kaum fünfzig Jahre alt, sollte er seine Prüfungszeit hienieden bald als Märtyrer enden, – eben da er vielleicht sich schmeichelte, einige Ruhe in seiner Heimat zu finden. Er schiffte sich kurz nach unserer Abreise ein, um nach Spanien zurückzukehren und wurde mit fünfzehn andern Mönchen von griechischen Matrosen, nicht weit von der Küste von Cypern, ermordet. Ein muselmännisches Kind, das allein dem Blutbade entrann, verfolgte die Mörder und zeigte sie an, worauf sie in Karamanien festgenommen wurden.

Am folgenden Tag, sobald der Morgen graute, begannen wir *die heiligen Orte* zu besuchen. Doch, ich muß hier innehalten und schweigen von den heil. Gefühlen, welche diese Orte mir einflößen, da sie alle zu sehr mich selbst betreffen. Ich will nichts weiter über die von meinen Reisegefährten bereits beschriebenen Straßen von Jerusalem sagen. Alle Eindrücke meiner Seele verschloß ich in mir; ich *hatte kein Bedürfnis*, sie sind zu tief, als daß sie je aus meiner Erinnerung sich verwischen könnten; wenn es Orte in der Welt gibt, welche die schmerzliche Macht haben, allen Kummer und alle Trauer des menschlichen Herzens aufzuregen und dem Seelenschmerz so zu sagen als verkörperter Schmerz entgegentreten, so sind es die, wo ich war. Jeder Schritt, den man hier macht, hallt wieder in den Tiefen der Seele, wie eine klagende Stimme, und jeder Blick fällt auf ein Denkmal heiliger Trauer, das unseren eigenen Kummer auflöst in dem unsäglichen Weh der Menschheit, das hier gelitten, versöhnt und geheiligt wurde!

Bethlehem

Von Jerusalem um fünf Uhr morgens aufgebrochen, um in *Bethlehem* zu der Stunde anzukommen, in der man die Messe in der Grotte der Geburt liest: ein alter spanischer Mönch mit großem Bart, mit einem schwarz und weiß gestreiften Machlah bedeckt, dessen Füße die Erde berührten, obgleich er auf einem kleinen Esel saß, ritt vor uns her und diente uns als Führer. Ungeachtet es bereits April war, wehte doch ein eisiger Wind mit großer Heftigkeit und drohte, mich samt meinem Pferde umzuwerfen; es waren die letzten Stöße des Sturmes auf dem Meer zu Jaffa, welche bis zu uns drangen. Der in Wirbeln aufgetriebene Staub blendete mich; ich überließ die Zügel meiner Stute meinem arabischen Stallknecht, hüllte mich in meinen Machlah und vertiefte mich in Betrachtungen, welche die Straße, die ich hinritt, und die durch die Tradition geheiligten Gegenstände in mir hervorriefen.

Diese Gegenstände sind zu bekannt und ich will mich mit ihrer Beschreibung nicht aufhalten. Der Oelbaum des Propheten Elias, – die Quelle, wo der Stern den Magiern erschien, – die Gegend von Rama, wo die herzzerreißende Stimme ertönte, die in meinem eigenen Busen widerhallte. Alles erweckte in mir Gefühle, die zu innig sind, um sie durch die Feder wiederzugeben.

Das lateinische Kloster zu Bethlehem war schon seit elf Monaten durch die Pest geschlossen; doch hatte es seit einiger Zeit keine neue Opfer gegeben und, als wir uns an der kleinen niedrigen Pforte zeigten, öffnete sie sich uns; nachdem wir eines nach dem andern, unter dem engen Tore uns bückend, hineingegangen waren, war unsere erste Bewegung die der Ueberraschung, als wir uns in einer majestätischen Kirche befanden; achtundvierzig Marmorsäulen, jede aus einem Block und zwei Reihen auf jeder Seite bildeten fünf Schiffe, über welche ein massives Gebälke von Zedernholz emporragte; man suchte aber vergeblich den Altar oder die Kanzel; Alles war zerbrochen, zerrissen, fortgenommen und eine grob gemauerte Wand teilte dies schöne Schiff der Geburt des Kreuzes und verbarg so den Teil, in dem der Gottesdienst gehalten wird und um welchen die verschiedenen christlichen Gemeinden sich noch heute streiten. Das Schiff gehört den Lateinern, dient aber nur als Vestibül zum Kloster; man hat die große Pforte zugemauert und das niedrige Türchen, durch welches wir eingetreten sind, gebaut, um diese ehrwürdigen Ueberreste vor der Entweihung der arabischen Räuberhorden zu schützen, welche zu Pferde bis zum Fuß des Altars vorsprengten, um die Mönche zu brandschatzen; der Pater Superior empfängt uns mit Herzlichkeit; sein sanftes, ruhiges und glückliches Gesicht ist gleichweit entfernt von der Strenge des Anachoreten, wie von der lustigen Sorglosigkeit, deren man die Mönche beschuldigt; er befragt uns über die Gegend, die wir durchstreift haben; über die ägyptischen Truppen, welche so nahe bei ihnen ihr Lager aufgeschlagen. Die elf Monate, während welcher das Kloster geschlossen war, hatten ihn nach Neuigkeiten begierig gemacht und er war ganz beruhigt, als er erfuhr, daß Ibrahim Pascha der christlichen Bevölkerung in Syrien seinen Schutz gewähre.

Wir ruhen einige Augenblicke aus und rüsten uns dann, die Messe in der Kapelle zu hören; man zündet eine schwache Laterne an und wir steigen, die Väter voran, zu einem langen Labyrinth von unterirdischen Korridors hinab, durch die man gehen muß, um zur heiligen Grotte zu gelangen. Diese unterirdischen Räume sind voll von Gräbern und Erinnerungen: hier das Grab des heiligen Hieronymus, dort das Grab des heiligen Paulus, das aber nicht vermag in diesem Augenblicke unsere Aufmerksamkeit zu fesseln; das blendende Licht von dreißig bis vierzig Lampen unter einem kleinen Gewölbe im Hintergrunde zeigt uns den Altar, der auf der Stelle der Geburt gebaut ist, und zwei Schritte weiter unten rechts den der Krippe; diese natürlichen Grotten sind zum Teil mit Marmor überkleidet, um sie der indiskreten Frömmigkeit der Pilger zu entziehen, welche die Wände verdarben, um Bruchstücke davon mitzunehmen; doch kann man noch den nackten Fels hinter den Marmorstufen, mit denen man ihn bedeckt hat, anrühren, und der unterirdische Raum hat im Allgemeinen die Unregelmäßigkeit seiner ursprünglichen Form beibehalten; die Verzierungen haben hier nicht, wie an einigen andern heiligen Orten, die Natur dermaßen entstellt, daß man an der Echtheit des Ortes zweifeln muß; sie dienen hier nur dazu, die natürliche Umgebung zu schützen: auch begreift man unter diesen Gewölben und Felsgrotten sehr wohl, wie sie den Herden zu Ställen dienen konnten, welche die Hirten in der noch heutzutage mit grünen Wiesen bedeckten Ebene hüten; sie ziehen sich weit unter der Plattform von Felsen hin, auf denen die Kirche und das Kloster steht gleich einer Citadelle; der äußere Ausgang der unterirdischen Räume, welcher mit der Wiese zusammenhing, wurde geschlossen, aber einige Schritte weiter hin kann man eine andere Höhle gleicher Art besuchen, welche dieselbe Bestimmung haben mußte; wir wohnten der Messe bei.

Die Seelenstimmung, in der ich mich befand, macht mich unglücklicherweise unfähig, die Gefühle wieder zu geben, die diese Orte und Zeremonien in mir hervorriefen; alles verlor sich für mich in einer tiefen schmerzlichen Rührung. Eine arabische Frau, welche ihren Neugeborenen auf dem Altar der Krippe taufen ließ, vermehrte noch meine Wehmut. Nach der Messe kehren wir in das Kloster zurück, nicht mehr durch die unterirdischen Gänge, sondern über eine breite bequeme Treppe, welche im Kreuz der Kirche hinter der Scheidewand endet, von der ich bereits gesprochen habe; diese Treppe gehörte sonst der griechischen und lateinischen Gemeinde gemeinschaftlich; gegenwärtig besitzen sie die Griechen allein, und wir hörten stark die Klagen der Väter von Bethlehem über diese Anmaßung; sie wollten uns den Auftrag geben, ihre Ansprüche in Europa geltend zu machen, und wir hatten Mühe, sie zu überzeugen, daß wir, obgleich Franzosen, nicht die Macht haben, ihnen Gerechtigkeit zu verschaffen.

Die beiden Seitenschiffe, welche das Kreuz der alten Kirche bildeten, sind zu besonderen Kapellen eingerichtet; die eine gehört den Armeniern, die andere den Lateinern. In der Mitte ist der Hauptaltar, unmittelbar über der Grotte angebracht; der Chor ist durch ein Gitter und eine Wand von vergoldetem Getäfel geteilt, welche das Allerheiligste der Griechen verbirgt.

Die griechische Kirche im Orient ist viel reicher als die römische; bei dieser ist alles bescheiden und dürftig, bei jener alles glänzend und prächtig; aber die Eifersucht, welche aus ihrer gegenseitigen Stellung entspringt, macht einen äußerst peinlichen Eindruck; man beklagt es, Ränke und Streit an Orten zu finden, die nur zu Liebe und Frieden auffordern.

Die ursprüngliche Erbauung der Kirche wird, wie die der meisten christlichen Denkmale in Palästina, der heil. Helena zugeschrieben. Allerdings hält man entgegen, sie sei bereits in vorgerücktem Alter gewesen, als sie Syrien besuchte, und habe daher nicht mehr so viel Werke ausführen lassen können; doch der Geist fragt nicht nach Zeit und nicht nach Raum; mir scheint, ihr schöpferischer Wille und ihr frommer Eifer haben diese Werke jedenfalls ins Leben gerufen, die freilich erst nach ihrem Tode vollendet wurden.

Wir kehren in das Kloster zurück; ein herrliches Mahl wird uns in dem Refectorium von dem guten Vater Superior angeboten, den wir mit Bedauern verlassen, da wir die wenigen Stunden noch benutzen wollen, um die Umgegend zu besuchen. – Als wir nach der Ebene hinabreiten, zeigt man uns eine Grotte, wohin, nach der Tradition, die heil. Jungfrau, kurz nach ihrer Abreise nach Aegypten, sich geflüchtet haben soll. Auf einigen Höhen, welche Bethlehem beherrschen, sieht man Ueberreste von Türmen, welche verschiedene Stellen des Lagers der Kreuzfahrer bezeichnen und die Namen dieser Helden führen. Wir lassen sie links und reiten rauhe, beschwerliche Pfade hinab.

Die Kirche des Heiligen Grabes

Wir ritten nun einige andere Straßen hinab und befanden uns bald auf einem kleinen Platze, von dem aus man gegen Norden ein Stück vom Himmel und vom Oelberg erblickte; zu unserer Linken führten einige Stufen zu einem offenen Vorhof hinunter. Auf diesen Vorhof heraus ging die *Kirche des heiligen Grabes.* Sie ist schon oft und so gut beschrieben, daß ich sie nicht von Neuem beschreiben will. Namentlich von außen ist sie ein großes, schönes Denkmal der byzantinischen Zeit; die Architektur ist ernst, feierlich, großartig und reich für die Zeit, in der die Kirche erbaut wurde; sie ist ein würdiges Zelt, von der Frömmigkeit der Menschen auf dem Grabe des Menschensohnes errichtet. Sie übertrifft bei weitem alles, was dieselbe Zeit hervorgebracht hat; die Form der kolossalen Sophienkirche ist viel barbarischer. Die letztere ist von außen nichts als ein Berg von Steinen, an den Hügel von Steinen sich anlehnen; das heil. Grab dagegen ist eine luftige, durchbrochene Kuppel, wo die verständige, hübsche Behauung der Tore, der Fenster, Kapitäle und Karnieße der Masse den unschätzbaren Wert einer geschickten Arbeit hinzufügt, wo der Stein ganz spitzenartig geworden ist, unwürdig, in dieses dem größten menschlichen Gedanken errichtete Denkmal eingefügt zu werden; wo der Gedanke selbst, der es erbaut, in den Einzelheiten wie in dem Ganzen geschrieben steht. Es ist wahr, daß die Kirche zum heiligen Grabe heutzutage nicht mehr so ist, wie die heilige Helena, die Mutter Konstantins, sie erbaute; die Könige von Jerusalem frischten sie auf und verschönerten sie mit Zierraten von jener halb occidentalischen, halb maurischen Architektur, für die sie Geschmack und Vorbilder im Orient gefunden hatten.

Aber so, wie sie jetzt von außen sich darstellt, der allgemeine Umriß byzantinisch, die Verzierungen griechisch, gotisch, arabisch, mit den Rissen, den Malen der Zeit und der Barbaren, welche auf ihrer Fassade zurückgeblieben sind, bildet sie keinen Widerspruch mit der Idee, die man sich von ihr macht, mit der Idee, die sie ausdrücken soll; man fühlt bei ihrem Anblick nicht jenen peinlichen Eindruck eines schlecht wiedergegebenen großen Gedankens, einer durch Menschenhand entweihten, großen Erinnerung; im Gegenteil, man sagt sich unwillkürlich: Hier ist, was ich erwartete.

Der Mensch hat gut gemacht, was in seinen Kräften stand. Das Denkmal ist des Grabes nicht würdig, aber es ist würdig jenes Menschengeschlechts, welches dieses große Grab ehren wollte, und mit diesem ersten ernsten Eindruck tritt man in das gewölbte, düstere Vestibül des Schiffes ein.

Zur Linken im Hintergrunde einer breiten, tiefen Nische, welche einst Statuen trug, beim Eingang in dieses Vestibül, welches gegen den Vorhof des Schiffes sich öffnet, haben die Türken ihren Divan angebracht; sie sind die *Wächter des heiligen Grabes*, die allein das Recht haben, es zu schließen oder zu öffnen. Als ich vorbeiging, waren fünf oder sechs ehrwürdige Türkengestalten mit langen weißen Bärten auf diesem mit reichen Teppichen von Aleppo bedeckten Divan niedergekauert; Kaffeetassen und Pfeifen lagen um sie her auf diesen Teppichen; sie begrüßten uns mit Würde und Anmut, und gaben einem der Wächter den Auftrag, uns in allen Teilen der Kirche herumzuführen.

Ich bemerkte in ihren Gesichtern, ihren Ausdrücken oder ihren Gebärden nichts von jener Unehrerbietigkeit, deren man sie beschuldigt. Sie betreten die Kirche nicht, sondern bleiben vor der Türe und sprechen zu den Christen mit dem Ernste und der Ehrfurcht, welche der Ort und der Gegenstand des Besuches erheischen.

Durch den Krieg Besitzer des heiligen Denkmals der Christen, zerstören sie dasselbe nicht oder geben seine Asche dem Winde preis; sie erhalten es und handhaben eine Ordnung, eine Polizei, eine schweigende Ehrfurcht, welche die christlichen Gemeinden selbst, die um den Besitz des Gebäudes sich streiten, bei weitem nicht so gut beobachten. Sie wachen darüber, daß die Allen gemeinsame Reliquie, die den Christennamen tragen, auch für Alle erhalten werde, damit jede Gemeinde ihrerseits die Verehrung ausüben könne, die sie dem heiligen Grabe erweisen will. Ohne die Türken wäre dieses Grab, um welches Griechen und Katholiken und die unzähligen verschiedenartigen Bekenner der christlichen Religion sich streiten, wohl schon hundertmal ein Zankapfel zwischen diesen einander feindseligen, eifersüchtigen Gemeinden geworden und nach einander als ausschließliches Eigentum von der einen zur andern übergegangen, und es hätte am Ende ohne Zweifel die triumphierende Gemeinde ihren Gegnern den Zutritt verweigert. Ich kann da nicht sehen, weswegen man die Türken beleidigen und anklagen will. Jene vorgebliche brutale Intoleranz, deren Unwissende sie beschuldigen zeigt sich in nichts, als eben in der Toleranz und der Achtung für das, was andere Menschen verehren und anbeten. Ueberall, wo der Muselman die Idee Gottes im Glauben seiner Brüder sieht, beugt er sich voll Verehrung. Er glaubt, daß die Idee die Form heiligt. Die Türken sind das einzig tolerante Volk. Mögen die Christen sich aufrichtig in ihrem Innern fragen, was sie getan haben würden, wenn das Glück des Krieges ihnen Mekka und die Kaaba in die Hände gegeben hätte. Dürften die Türken aus allen Teilen Europas und Asiens dorthin kommen, um die erhaltenen Denkmale des Islam im Frieden zu verehren?

Am Ende dieses Vestibüls befanden wir uns unter dem weiten Gewölbe der Kirche. Der Mittelpunkt dieses Gewölbes, welchen die Lokaltradition für den Mittelpunkt der Erde ausgibt, ist durch ein kleines Denkmal bezeichnet, das in dem großen eingeschlossen ist, wie ein in einen andern gefaßter Edelstein. Dieses innere Denkmal ist ein längliches Viereck mit einigen Pilastern, einem Karnieß und einer marmornen Kuppel verziert, alles in schlechtem Geschmack mit bizarrer unnatürlicher Zeichnung; es wurde im Jahre 1817 von einem europäischen Architekten auf Kosten der griechischen Kirche, die gegenwärtig im Besitze desselben ist, wieder aufgebaut.

Rings um diese innere Kuppel des Grades zieht sich die Halle des großen äußern Gewölbes; man kann frei herumgehen und stößt von Pfeiler zu Pfeiler auf geräumige, tiefe Kapellen, von denen jede einem der Mysterien des Leidens Christi geweiht ist; sie enthalten alle einige wirtliche oder vorgebliche Reliquien der Erlösungsscenen.

Der Teil der Kirche des heiligen Grabes, welcher nicht unter dem Gewölbe liegt, ist ausschließlich den schismatischen Griechen vorbehalten; eine Scheidewand von gemaltem Holz mit Gemälden aus der griechischen Schule trennt dieses Schiff von dem andern. Trotz der bizarren Verschwendung von schlechten Malereien und Verzierungen aller Arten, mit denen die Wände und der Altar überladen sind, macht doch das Ganze einen ernsten, religiösen Eindruck; man fühlt, daß *das Gebet* unter allen Formen dieses Allerheiligste erfüllt und alles das angehäuft hat, was abergläubische, aber andächtige Geschlechter Kostbares vor Gott zu haben glaubten. Eine in den Felsen gehauene Treppe führt von hier auf den Gipfel des Kalvarienberges, wo die drei Kreuze aufgerichtet waren: der Kalvarienberg, das Grab und mehrere andere Schauplätze des Dramas der Erlösung finden sich so unter dem Dach eines einzigen Gebäudes von mäßigem Umfange vereinigt; dies scheint nicht recht mit den Erzählungen der Evangelisten übereinzustimmen, und man erwartet keineswegs das Grab Josephs von Arimathia außerhalb der Mauern von Zion, fünfzig Schritte vom Kalvarienberg, dem Ort für die Hinrichtungen, welcher mit modernen Ringmauern umgeben ist, in den Felsen eingehauen zu finden; aber so lauten einmal die Traditionen, denen man Glauben geschenkt hat. Der Geist streitet nicht lange über solche Schauplätze hin und her, wegen einiger Schritte, die zwischen der historischen Wahrscheinlichkeit und den Traditionen liegen: mag es da oder dort vorgefallen sein, immerhin geschah es nicht weit von dem Orte, den man uns zeigt. Nach einem Augenblick tiefen schweigsamen Nachdenkens, das wir in jedem dieser heiligen Orte der Erinnerung widmeten, welche er in sich befaßt, traten wir wieder in die eigentliche Kirche ein und begaben uns nach dem innern Denkmal, welches dem Grab selbst als steinerner Vorhang oder Hülle dient; es ist in zwei kleine Allerheiligsten abgeteilt: im ersten befindet sich der Stein, auf welchem die Engel saßen, als sie den heiligen Frauen zur Antwort gaben: *Er ist*

nicht mehr hier, er ist auferstanden; das zweite und letzte Allerheiligste schließt das heilige Grab in sich, in welchem noch eine Art Sar-
kophag aus weißem Marmor befindlich ist, der die Masse des ursprünglichen Felsen, in welchen das heilige Grab gehauen war, dem
Auge gänzlich verhüllt. Ewige Lampen von Gold und Silber erhel-
len diese Kapelle und Tag und Nacht steigt Weihrauch in die Höhe;
die Luft, die man einatmet, ist lau und balsamisch. Wir traten abge-
sondert, Einer nach dem Andern, ein, ohne einem der Diener des
Tempels zu gestatten, mit uns hinein zu gehen, und waren durch
einen Vorhang von karmoisinroter Seide von dem ersten Allerheiligsten getrennt. Wir wollten, daß kein Blick die Feierlichkeit des
Ortes oder die Innigkeit der Gefühle störe, welche er jedem nach
seinem Geist und dem Maß und der Natur seines Glaubens an das
große Ereignis, welches dieses Grab uns ins Gedächtnis ruft, einflößen muß; jeder von uns blieb ungefähr eine Viertelstunde innen
und keiner kam trockenen Auges heraus. Welches auch die Gestalt
sei, die dem religiösen Gefühle des Menschen von den inneren Betrachtungen, vom Lesen der Geschichte, von der Zeit und von den
verschiedenen Stimmungen des Herzens und Geistes gegeben wurde, ob er am Buchstaben des Christentums, an den Lehren seiner
Mutter festhält, ob sein Christentum philosophisch und seinem
Geiste angepaßt ist, ob Christus für ihn ein gekreuzigter Gott, oder
ob er in ihm nur den heiligsten der durch die Tugend Gott nahe
gebrachten Menschen erblickt, welcher begeistert von der höchsten
Wahrheit sein Leben opfert, um Zeugnis zu geben von seinem Vater: ob Jesus in seinen Augen der Sohn Gottes oder der Sohn des
Menschen, die menschgewordene Gottheit oder die gottgewordene
Menschheit ist, immer bleibt das Christentum die Religion seiner
Erinnerungen, seines Herzens und seiner Phantasie; es wird sich im
Sturm der Jahrhunderte und des Lebens nie so verflüchtigen, daß
nicht die Seele, in die es gepflanzt war, etwas von seinem ursprünglichen Dufte bewahre und der Anblick der Schauplätze und sichtbaren Denkmale seines ersten Kultus in ihr ihre Gefühle verjünge und
sie mit heiligem Beben erschüttere. Für den Christen, wie für den
Philosophen, für den Sittenlehrer, wie für den Geschichtschreiber ist
dieses Grab die Grenze, welche zwei Welten, die alte Welt und die
neue Welt scheidet; der Ausgangspunkt einer Idee, welche die Welt
wieder geboren, einer Zivilisation, die Alles umgestaltet hat, eines
Wortes, das über die ganze Erde erschollen ist: dieses Grab ist der

Sarg der alten und die Wiege der neuen Welt; kein irdischer Stein war der Grundstein eines so großen Gebäudes; kein Grab ist noch so fruchtbar gewesen, keine Lehre, drei Tage oder drei Jahrhunderte begraben, hat so siegreich den Felsen zerbrochen, mit dem der Mensch sie versiegelt, und den Tod Lügen gestraft durch eine so glänzende und ewigdauernde Auferstehung.

Ich trat zuletzt zum heiligen Grabe ein, den Geist von jenen gewaltigen Ideen bestürmt, das Herz von jenen innigen Gefühlen erregt, welche ein Geheimnis bleiben zwischen dem Menschen und seiner Seele, zwischen dem denkenden Insekte und dem Schöpfer: diese Gefühle lassen sich nicht beschreiben; sie steigen auf mit dem Dampfe der frommen Lampen, mit dem Dufte des Weihrauchs und dem unendlichen, verworrenen Gemurmel der Seufzer; sie fallen mit den Tränen, welche in die Augen treten bei der Erinnerung an die ersten Namen, welche wir in unserer Kindheit gestammelt, an Vater und Mutter, welche uns dieselben gelehrt, an Brüder, Schwestern, Freunde, mit denen wir sie ausgesprochen haben; alle die frommen Gefühle, welche unsere Seele zu allen Epochen des Lebens erregt, alle Gebete, welche aus unseren Herzen und unsern Lippen aufstiegen im Namen dessen, der uns zu seinem und unserem Vater beten lehrte; alle freudigen und traurigen Stimmungen des Geistes, deren Sprache diese Gebete waren, erwachen in den Tiefen der Seele und bringen jenen verworrenen Widerhall, jene Betäubung der Vernunft, jene Rührung des Herzens hervor, welche nicht nach Worten sucht, sondern sich auflöst in einem tränenden Auge, in einer beengten Brust, in gesenkter Stirne und in einem Munde, der sich schweigend an den Stein eines Grabes drückt. Ich blieb lange Zeit drinnen, zum Himmel und zum himmlischen Vater betend, eben da, wo das schönste aller Gebete zum erstenmal zum Himmel aufstieg; ich betete für meinen Vater hienieden, für meine Mutter in einer andern Welt, für Alle, welche leben oder nicht mehr leben, aber mit denen das unsichtbare Band nie zerrissen ist; die Gemeinschaft der Liebe währt ewig; die Namen von allen Wesen, die ich gekannt und geliebt habe, und von denen ich wieder geliebt worden bin, kamen über meine Lippen auf dem Steine des heiligen Grabes. Für mich selbst betete ich erst später; mein Gebet war innig und brünstig; ich bat um Wahrheit und Mut vor dem Grabe dessen, der am meisten Wahrheit in diese Welt gebracht hat und mit der höchsten Aufopferung für diese Wahrheit, zu deren Organ ihn Gott gemacht hatte, in den Tod gegangen ist; ich werde ewig der Worte gedenken, die ich in diesem entscheidenden Wendepunkt meines geistigen Lebens gelispelt.

Vielleicht wurde ich erhört: ein helles Licht der Vernunft und Ueberzeugung ging in meinem Geist auf und schied deutlicher den Tag von der Nacht, den Irrtum von der Wahrheit; es gibt Augenblicke im Leben, wo die Gedanken des Menschen lange schwankend und zweifelnd und wie uferlose Wogen verschwimmend am Ende ein Gestade finden, an dem sie sich brechen und in sich selbst einkehren unter neuen Gestalten und mit einem dem früheren ganz entgegengesetzten Laufe, Einer dieser Augenblicke war es damals für mich; der Herzen und Nieren prüft, weiß es, und ich selbst werde es vielleicht eines Tages begreifen. Es war ein Geheimnis in meinem Leben, das später sich enthüllen wird.

Zion

Beim Herausgehen aus der Kirche des heiligen Grabes verfolgten wir den *Leidensweg*, von dem Herr Chateaubriand eine so poetische Beschreibung gegeben hat. Nichts Auffallendes, nichts Beglaubigtes, nichts Wahrscheinliches! Gebäude von moderner Bauart, überall von den Mönchen den Pilgern für unzweifelhafte Denkzeichen der verschiedenen Stationen Christi ausgegeben. Das Auge kann nicht allein zweifeln, aller Glaube an diese Lokaltraditionen ist zum voraus durch die Geschichte des ersten Christentums zerstört, wo in Jerusalem kein Stein auf dem andern blieb und die Christen ziemlich lange aus der Stadt verbannt waren. Jerusalem kann mit Ausnahme seiner Teiche und Königsgräber kein Denkmal aus irgend einer jener großen Epochen aufweisen: bloß einige Lagen sind noch erkennbar, wie die des Tempels, welcher durch seine Terrassen angezeigt ist und wo heutzutage die große schöne Moschee Omar-El-Sakara steht; der Berg Zion, mit dem Kloster der Armenier und dem Grabe Davids; aber nur an der Hand der Geschichte und mit zweifelndem Blicke lassen sich die meisten dieser Lagen mit einiger Sicherheit bestimmen. Außerhalb der Mauern der Terrassen über dem Tale Josaphat trägt kein Stein, weder in Form, noch in Farbe, das Gepräge seines Alters; alles ist Staub oder aus neuerer Zeit. Der Geist schweift ungewiß über dem Horizont der Stadt, ohne einen Ruhepunkt zu finden; aber die Stadt im Ganzen und Großen, bezeichnet durch den Hügel, auf dem sie steht, durch die verschiedenen Täler, die um die herliegen, namentlich durch das tiefe Tal des Kidron, ist ein Denkmal, welches das Auge nicht lange im Zweifel läßt: hier lag ganz gewiß Zion; eine sonderbare, ungünstige Lage für die Hauptstadt eines großen Volkes. Es war eher die natürliche Festung für ein kleines Volk, das von der Erde verbannt ist und mit seinem Gott und seinem Tempel auf einen Boden sich flüchtet, welchen niemand der Mühe Wert achtet, ihm streitig zu machen: auf Felsen, welche keine Straßen zugänglich machen können, in Tälern ohne Wasser in einem rauhen, unfruchtbaren Klima, mit keinem andern Horizont als den von dem innern vulkanischen Feuer verkalkten Gebirgen, den Gebirgen von Arabien und Jericho, und einem verpesteten Meere ohne Ufer und Schiffahrt, dem toten Meere! – Das ist Judäa, das ist der Wohnsitz jenes Volkes, dessen Schicksal es ist, zu allen Zeiten seine Geschichte geächtet zu sehen und dem die Nationen selbst diese geächtete Hauptstadt, die gleich einem Adlerhorste auf die Spitze dieser Gebirgsgruppe hingeworfen ist, streitig gemacht haben: aber dieses Volk trug in sich die große Idee der Einheit Gottes, und was in dieser Idee aller Ideen Wahres lag, war genug, um es von andern Völkern abzusondern, stolz auf seine Aechtungen und an seine Lehre von der Vorsehung glauben zu machen.

Die Cedern des Libanon

Der Scheik hat drei Araber auf dem Wege nach den Cedern abgeschickt, um nachzusehen, ob der Schnee es uns gestatte, bis zu diesen Bäumen zu gelangen; die Araber sagen bei ihrer Rückkehr, daß es unmöglich sei, vorzudringen: in einem engen Tale, durch das man ziehen muß, um zu jenen Bäumen zu kommen, liegt ein vierzehn Fuß tiefer Schnee. Ich möchte übrigens doch so nahe als möglich kommen und bitte daher den Scheik, mir seinen Sohn und einige Reiter mitzugeben; ich lasse meine Frau und meine Karavanne in Eden zurück und besteige mein bestes Pferd Scham; mit Sonnenaufgang sind wir auf dem Weg; – dreistündiger Ritt über Gebirgs-

kämme oder über Felder, die von geschmolzenem Schnee aufge-
weicht sind; ich komme am Rande des heiligen Tales an, einer tiefen
Schlucht, in die das Auge von den Felsen herab sich versenkt, ein
noch geschlosseneres, lüsterneres feurigeres Tal, als das von Ham-
mana. Von der Höhe dieses Tales, da, wo es im steten Steigen an die
Gletscher grenzt, stürzt sich ein prächtiger Wasserfall, hundert Fuß
hoch, in einer Breite von zwei bis dreihundert Klaftern herab; das
ganze Tal hallt wieder voll diesem Sturz und dem Rauschen des
Stromes, der seine Wasser daher erhält; von allen Seiten des Felsen
rieselt der Schaum herab; im äußersten Hintergrunde des Tales
sehen wir zwei große Dörfer, deren Häuser sich kaum von dem
durch den Bergstrom losgerissenen Felsen unterscheiden; die Wipfel der Pappeln und Maulbeerbäumen erscheinen von hier aus wie
Büschel Schilf oder Gras, Man reitet in das Dorf Beschierai hinab auf
Pfaden, welche in den Felsen gehauen und so steil sind, daß man
nicht begreift, wie Menschen sie gehen mögen; es geschieht auch
manches Unglück: ein Stein von dem Kamm, auf dem wir uns befinden, hinabgeschleudert, würde auf irgend ein Dach dieser Dörfer
fallen, wohin wir erst nach einer Stunde kommen würden, Ueber
dem Wasserfall und den Gletschern dehnen sich ungeheuere Eisfel-
der hin, welche, wie Nebel, in einer bald grünlichen, bald blauen
Farbe wogen; ungefähr eine Viertelstunde weiter links in einer Art
halbzirkelförmigem Tale, das durch die letzten Berge des Libanon
gebildet wird, sehen wir einen breiten, schwarzen Flecken auf dem
Schnee: dies sind die berühmten *Cedern*; sie krönen, gleich einem
Diadem, die Stirn des Gebirgs. Sie schauen auf die Verzweigung der
großen und zahlreichen Täler hinab, welche in das Gebirg sich ein-
schneiden; das Meer und der Himmel sind ihr Horizont. Wir setzen
unsere Pferde im Schnee in Galopp, um möglichst nahe an den
Wald zu kommen, aber noch fünf- bis sechshundert Schritte von
den Bäumen entfernt versinken unsere Pferde bis an die Schultern.
Wir sehen, daß unsere Araber uns getreulich berichtet haben und
daß wir darauf verzichten müssen, diese Reliquien der Zeit und der
Natur mit der Hand zu berühren; wir steigen vom Pferde und setzen uns auf einen Felsen, nm sie zu betrachten.

Diese Bäume sind die berühmtesten natürlichen Denkmale der
Welt, Religion, Poesie und Geschichte haben sie gleichermaßen
geheiligt. Die heilige Schrift verherrlicht sie an mehreren Stellen. Sie

sind eines von den Bildern, welches die Propheten mit Vorliebe gebrauchen. Salomo wollte sie für den Schmuck des Tempels verwenden, den er zuerst dem einigen Gotte errichtete, ohne Zweifel wegen ihres Rufes von Pracht und Heiligkeit, welchen diese Wunder der Pflanzenwelt schon zu jener Zeit hatten. Gewiß sind es diese; denn Ezechiel spricht von den Cedern des Eden als von den schönsten des Libanon. Die Araber von allen Sekten haben eine anererbte Verehrung für diese Baume. Sie schreiben ihnen nicht nur eine vegetative Kraft zu, die ihnen ein ewiges Leben sichert, sondern sogar eine Seele, vermöge welcher sie Zeichen von Weisheit und Schauen in die Zukunft von sich geben, ähnlich denen des Instinkts bei den Tieren, des Verstandes bei den Menschen. Sie kennen zum voraus die Jahreszeiten; sie rühren ihre gewaltigen Aeste gleich Gliedern, strecken ihre Gelenke aus oder schließen sie, erheben ihre Zweige gen Himmel oder neigen sie zur Erde, je nachdem der Schnee fallen oder schmelzen will. Es find göttliche Wesen in der Gestalt von Bäumen. Sie gedeihen bloß in dieser Gegend der Gruppen des Libanon. Sie wurzeln weit über jene Region, wo alle große Vegetation aufhört. All das setzt die Phantasie der orientalischen Völker in Erstaunen; vielleicht mußte die Wissenschaft selbst erstaunen.

Ach! aber Basan schmachtet, der Carmel und die Blume des Libanon verwelken! Diese Bäume werden mit jedem Jahrhundert weniger. Die Reisenden zählten ihrer einst dreißig bis vierzig; später siebzehn; noch später ein Dutzend. – Nun find es bloß noch sieben, deren Masse wohl vermuten läßt, daß sie aus dem biblischen Altertum stammen. Um diese alten Zeugen verschwundener Jahrhunderte, welche die Geschichte der Erde besser kennen, als die Geschichte selbst sie kennt, die, wenn sie sprechen könnten, uns so viel von Reichen, von Religionen und vergangenen menschlichen Geschlechtern erzählen würden!

Um diese Bäume her steht noch ein kleiner Wald von gelberen Cedern, welche mir eine Gruppe von zwei- bis dreihundert Gesträuchen oder Büschen zu bilden schienen. Jedes Jahr im Juni kommen die Einwohner von Beschierai, von Eder, von Kanobin und allen den Dörfern der benachbarten Täler zu den Cedern herauf und lassen zu ihren Füßen eine Messe lesen. Wie viel Gebete sind nicht schon unter diesen Zweigen ertönt! Und wo ist ein schö-

nerer Tempel, wo ein Altar dem Himmel näher, wo ein majestäti-
scheres, heiligeres Allerheiligstes, als auf der letzten Platte des Libanon, beim Stamme der Cedern unter dem Dom dieser heiligen
Zweige, welche so viele. Menschliche Geschlechter beschattet halben und noch beschatten, Geschlechter, die den Namen Gottes verschieden aussprechen, aber überall ihn in seinen Werken erkennen
und in den Offenbarungen der Natur anbeten? Und auch ich betete
vor diesen Bäumen. Das harmonische Gesäusel in ihren klingenden
Aesten spielte in meinen Haaren und trocknete auf meinem Augen-
liebe die Tranen des Schmerzes und der Anbetung.

Miniaturen

Das Erdenreich des Pfarrers

In jedem Kirchsprengel ist ein Mann, der keine Familie hat, aber zu jeder Familie gehört; den man als Zeugen, Rat oder Teilnehmer zu allen feierlichsten Verhandlungen des bürgerlichen Lebens zieht; ohne den man weder geboren werden, noch sterben kann, der den Menschen bei der Geburt empfängt und erst am Grabe verläßt, der die Wiege, das Ehe- und Sterbebett und den Sarg segnet und einweiht; ein Mann, den die kleinen Kinder zu lieben, zu verehren und zu fürchten gewohnt sind; den selbst Unbekannte ihren *Vater* nennen; dem die Christen ihre innersten Geständnisse, ihre geheimsten Tränen zu Füßen legen; ein Mann, welcher der berufene Tröster in allem Elend der Seele und des Leibes, der verpflichtete Vermittler des Reichtums und der Bedürftigkeit ist, welcher den Armen und den Reichen abwechslungsweise an seine Türe klopfen sieht: den Reichen, um sein geheimes Almosen darzubringen, den Armen, um es ohne Erröten zu empfangen; welcher, ohne einen bestimmten Rang in der Gesellschaft einzunehmen, allen auf gleiche Weise angehört: den untern Klassen durch seine einfache Lebensweise und nicht selten durch die Niedrigkeit seiner Herkunft; den höheren Klassen durch seine Erziehung, Wissenschaft und den Adel der Gefühle, die eine menschenfreundliche Religion einflößt und verlangt; mit einem Worte, ein Mann, der Alles weiß, der Alles sagen darf, und dessen Wort mit dem Gewicht einer göttlichen Sendung und der Gewalt eines fertigen, vollendeten Glaubens zu dem Verstande und Herzen der Menschen spricht. – Dieser Mann ist der *Pfarrer*; Keiner kann den Menschen mehr Gutes oder mehr Böses tun, als er, je nachdem er seine hohe gesellschaftliche Sendung erfüllt oder mißkennt.

Was ist ein Pfarrer? Ein Pfarrer ist der Diener der Religion Christi, seine Glaubenslehren zu wahren, seine Sittenlehre zu verbreiten, und dem Teile der Herde, der ihm anvertraut ist, seine Wohltaten zu spenden beauftragt. Aus diesen drei Aufträgen des Priestertums entspringen die drei Eigenschaften, wonach wir den Pfarrer betrachten wollen, nämlich als Priester, als Sittenlehrer und als geistlichen Spender des Christentums in der Gemeinde. Von da fließen auch die dreierlei Pflichten her, die er zu erfüllen hat, um der Erhabenheit seiner Auftrage auf Erden, u. der Achtung oder Verehrung der Menschen würdig zu sein.

Als Priester oder Wahrer der christlichen Glaubenslehre, sind die Pflichten des Pfarrers unserer Prüfung nicht zugänglich; die Glaubenslehre, ihrer Natur nach geheimnisvoll und göttlich, durch die Offenbarung aufgedrungen, durch den Glauben, diese Tugend menschlicher Unwissenheit, angenommen, entzieht sich jeder Kritik; der Priester ist, wie der Gläubige, nur seinem Gewissen und seiner Kirche, der einzigen Autorität, die er über sich hat, Rechenschaft schuldig. Indessen kann auch hier der erleuchtete Verstand des Priesters, in seiner Tätigkeit als Lehrer des Volkes, auf dessen Religion einen nützlichen Einfluß ausüben. Manches unwürdige Märchen, mancher geläufige Aberglauben hat sich in den Zeiten der Finsternis und Unwissenheit mit dem erhabenen Glauben des reinen christlichen Dogma vermengt; der Aberglauben aber ist der Mißbrauch des Glaubens, und dem aufgeklärten Diener einer Religion, die das Licht erträgt, weil alles Licht von ihr gekommen ist, liegt ob, die Schatten zu entfernen, die das Heilige verdunkeln und welche gegen das Christentum, diese praktische Civilisation, diese höchste Vernunft, bei Manchen das Vorurteil erwecken könnten, als mache es in frommer Industrie oder rohem Aberglauben mit falschen oder trügerischen Culten gemeinsame Sache. Es ist die Pflicht des Pfarrers, diese Glaubensmißbräuche zu heben und den allzu bereitwilligen Glauben seines Volkes auf die würdige und geheimnisvolle Einfachheit des christlichen Dogma, auf die Betrachtung sein« Sittenlehre, auf die fortschreitende Entwicklung seiner Vervollkommnungswerke zurückzuführen. Die Wahrheit bedarf niemals des Irrtums, und der Schatten trägt nichts zum Lichte bei.

Noch schöner ist die Wirksamkeit des Pfarrers als Sittenlehrer. Das Christentum ist eine aus zwei Arten geschriebene göttliche Philosophie: als Geschichte im Leben und Sterben Christi; als Lehre in den erhabenen Unterweisungen, die es der Welt gebracht hat. Lehre und Beispiel, diese beiden Worte des Christentums, sind im Neuen Testament oder Evangelium vereinigt. Der Pfarrer soll es immer in Händen, immer vor Augen, immer im Herzen haben. Ein guter Priester ist die lebendige Auslegung dieses göttlichen Buches. Jedes der geheimnisvollen Worte dieses Buches gibt dem Gedanken, der es befragt, eine entsprechende Antwort, und schließt einen praktisch-sozialen Sinn in sich, der die Handlungsweise des Menschen erleuchtet und lebendig macht. Es gibt, keine moralische oder politische Wahrheit, die sich nicht als Keim in einem Verse des Evangeliums fände; alle neuen Philosophien haben einen derselben ausgelegt und wieder vergessen; die Philanthropie ist aus seiner ersten und einzigen Lehre, der Liebe, entsprungen. Im Gefolge des Evangeliums ist die Freiheit durch die Welt gezogen und keine entwürdigende Sklaverei hat vor seinem Lichte bestehen können; die politische Gleichheit ist aus der Anerkennung unserer Gleichheit und Brüderschaft vor Gott, die es uns abgenötigt, entsprungen; die Gesetzen sind gemildert, die unmenschlichen Gebräuche abgeschafft worden, die Ketten sind gefallen; das Weib hat die gebührende Achtung im Herzen des Mannes wiedererobert. In dem Maße wie sein Wort durch die Jahrhunderte erschollen ist, hat es einen Irrtum oder eine Tyrannei gestürzt, und man kann sagen, daß die ganze Gegenwart mit ihren Gesetzen, Sitten, Einrichtungen und Hoffnungen nichts Anderes ist, als das in die neuere Gesittung mehr oder weniger eingefleischte evangelische Wort! Aber sein Werk ist noch lange nicht vollbracht; das Gesetz des Fortschritts oder der Vervollkommnung, diese tätige und mächtige Idee der menschlichen Vernunft, ist auch das Gesetz des Evangeliums; es verbietet uns, im Guten inne zu halten, es treibt uns zu immer Besserem an, es untersagt uns, an der Menschheit zu verzweifeln, deren Gesichtskreis es stets weiter ausdehnt und erhellt; und je mehr sich unsere Augen dem Lichte öffnen, desto mehr Verheißungen lesen wir in seinen Mysterien, desto mehr Wahrheiten in seinen Lehren, desto mehr Zukunft in unserer Bestimmung.

Der Pfarrer hat also mit diesem Buche alle Moral, alle Vernunft, alle Gesittung, alle Politik in seiner Hand. Er hat es nur zu öffnen, zu lesen, und den Schatz des Lichtes und der Vollkommenheit, wozu die Vorsehung ihm den Schlüssel anvertraut hat, rings um sich her zu verbreiten. Aber gleichwie das Lehramt Christi, soll auch das seinige ein doppeltes sein: durch sein Leben und durch sein Wort; sein Leben soll, soweit es die menschliche Schwäche erlaubt, die sichtbare Auslegung seiner Lehre, ein lebendiges Wort sein! Die Kirche hat ihn vielmehr als Vorbild denn als Orakel hieher gestellt; im Worte kann er fehlen, wenn ihm die Natur die Gabe desselben versagt hat; das Wort aber, das Allen verständlich ist, ist das Leben: keine menschliche Zunge ist so beredt und so überzeugend, wie die Tugend.

Der Pfarrer ist ferner geistlicher Spender und Verwalter der Sakramente seiner Kirche und der Liebeswerke. Seine Pflichten in dieser Eigenschaft nähern sich denjenigen, welche jede Verwaltung auferlegt. Er hat mit den Menschen zu tun, er muß sie also kennen; er kommt in Berührung mit den menschlichen Leidenschaften, seine Hand muß daher zart und sanft, voll Klugheit und Mäßigung sein. Sein Amt umfaßt der Menschen Fehler, Reue, Elend, Drangsale und Notdurft; er braucht deshalb ein Herz, das von Duldung, Erbarmung, Sanftmut, Mitgefühl, Liebe und Verzeihung überströmt! Seine Türe muß zu jeder Stunde dem, der ihn weckt, offen, seine Lampe immer brennend, sein Stock immer zur Hand sein; er darf weder Jahreszeiten, noch Entfernungen, noch Ansteckung, weder Sonnenhitze, noch Schnee kennen, wenn es sich darum handelt, dem Verwundeten das Oel, dem Sünder die Vergebung, dem Sterbenden seinen Gott zu bringen. Vor ihm, wie vor Gott, darf es weder Reiche noch Arme, weder Große noch Kleine geben, sondern allein Menschen, das heißt, Brüder in Elend und in Hoffnung. Sowie er aber seinen Dienst Niemanden verweigern darf, so darf er ihn auch ohne Behutsamkeit denjenigen nicht anbieten, die ihn verachten oder verkennen. Aufdringliche Liebe erbittert und stößt zurück, mehr als sie anzieht; er muß in vielen Fällen warten, bis man zu ihm kommt oder ihn ruft; er darf nicht vergessen, daß er bei der unumschränkten Freiheit, welche, dem Gesetze unseres gesellschaftlichen Zustandes gemäß, jeder Kultus genießt, der Mensch nur Gott und seinem Gewissen von seiner Religion Rechenschaft zu geben hat. Die bürgerlichen Rechte und Pflichten des Pfarrers fangen erst da an, wo man ihm sagt: Ich bin ein Christ.

Der Pfarrer steht in verschiedenartigen administrativen Verhältnissen zu der Regierung, zu der Gemeindebehörde und zu der Kirchenpflege.

Sein Verhältnis zu der Regierung ist einfach; er ist ihr schuldig, was jeder Bürger ihr schuldig ist, weder mehr noch weniger: Gehorsam in dem, was recht ist. Er soll weder für noch gegen die Formen oder Häupter der Regierungen dieser Erde Partei nehmen; die Formen ändern sich, die Gewalten tauschen Namen und Besitzer, Einer stürzt immer den Andern vom Thron. Das sind menschliche, vorübergehende, flüchtige, und ihrer Natur nach unbeständige Dinge; die Religion, die ewige Regierung Gottes über das Gewissen, ist über diesen Kreis politischen Wechsels und Wandels erhaben; ihr Diener soll sie ferne davon halten. Der Pfarrer ist der einzige Bürger, der das Recht und die Pflicht hat, bei allem Getriebe, Haß und Kampf der die Meinungen und Menschen trennenden Parteien neutral zu bleiben; denn er ist vor allen Dingen Bürger des ewigen Königreichs, gemeinschaftlicher Vater der Sieger und der Besiegten, Mann der Liebe und des Friedens, der nur Frieden und Liebe predigen kann; Schüler desjenigen, der für seine Verteidigung nicht einen Tropfen Blutes vergießen lassen wollte und zu Petrus sagte: Stecke dein Schwert in die Scheide!

Seinem Bürgermeister gegenüber soll der Pfarrer in dem, was die Religion betrifft, eine edle Unabhängigkeit behaupten, in allem Uebrigen friedfertig und verträglich sein: er soll weder nach Einfluß in der Gemeinde geizen, noch sich um Vorrechte streiten; er darf nie vergessen, daß seine Autorität auf der Schwelle seiner Kirche, am Fuße seines Altars, auf der Kanzel der Wahrheit, vor der Türe des Bedürftigen und Kranken, am Bette des Sterbenden anfängt und endigt: überall sonst sei er der Niedrigste, der Unscheinbarste der Menschen.

Hinsichtlich der Kirchenpflege beschränken sich seine Pflichten auf diejenige Anordnung und Oekonomie, welche die Armut der meisten Kirchensprengel mit sich bringt. Je weiter wir in der Gesittung und im Verständnis einer rein geistigen Religion voranschreiten, desto unnötiger wird die äußere Pracht in unsern Tempeln. Einfachheit, Sauberkeit, Anständigkeit in den zum Gottesdienst dienenden Gegenständen ist Alles, was der Pfarrer von seiner Kirchenpflege verlangen kann. Oft sogar hat die Armut des Altars etwas Ehrwürdiges, Rührendes und Poetisches, was durch den Kontrast mehr Eindruck und Rührung hervorbringt, als seidene Zierraten und goldene Leuchter. Was sind all unsere Vergoldungen und unsere funkelnden Sandkörner vor dem, der den Himmel ausgespannt und die Sterne gesäet hat? Vor dem zinnernen Kelch beugen sich eben so viele Stirnen, wie vor silbernen oder goldenen Gefäßen. Der Glanz des Christentums liegt in seinen Werken, und der wahrhafte Schmuck des Altars sind die in Gebet und Tugend ergrauten Haare des Priesters nebst dem Glauben und der Andacht der vor dem Gott ihrer Väter knieenden Christen.

Zu seiner Nahrung und Kleidung, zu Bezahlung und Ernährung der Weibsperson, die ihn bedient, zur Unterstützung aller Notdürftigen, die an seine Türe klopfen, bezieht der Pfarrer einen zweifachen Gehalt: den einen mit 750 Franken, vom Staat: den andern durch das Herkommen bestimmten, das Casual genannt. Dieses Casual oder der Nebenverdienst, das in manchen Städten, wo es zur Bezahlung der Pfarrgehilfen dient, ziemlich viel beträgt, bringt in den meisten Dörfern dem Pfarrer wenig oder nichts ein. Er hat also kaum das Allernotwendigste, die res angusta domi, dennoch möchten wir ihm, im Interesse der Religion wie in dem seiner Achtung an Ort und Stelle, zurufen: »Sehet nicht auf den Nebenverdienst; nehmet ihn vom Reichen an, der ihn euch aufdringt; schlaget ihn aber dem Armen aus, der sich entweder schämt, euch nichts anzubieten, oder bei dem sich zur Hochzeitfreude, zum Vaterglück oder zur Leichentrauer, der störende Gedanken gesellt, einige seltene Geldstücke im Grunde seines Beutels suchen zu müssen, um eure Segnungen, eure Tränen oder Gebete damit zu bezahlen; erinnert euch, daß wir, wenn wir uns gegenseitig das Brot des materiellen Lebens unentgeltlich schuldig sind, uns das himmlische Brot noch viel mehr schuldig sind; und weiset den Vorwurf von euch, als ob ihr den Kindern für die unschätzbare Gnade des gemeinschaftlichen Vaters Bezahlung abnähmet, und eine Taxe auf euer Gebet legtet.« Wir möchten ferner den Gläubigen zurufen: »Die Segnungen des Altars sind nicht mit Geld zu bezahlen.«

Als Mensch hat der Pfarrer noch einige ganz allgemeine Pflichten, die aus der Sorge für seinen guten Ruf, diese Blüte des bürgerlichen und häuslichen Lebens, diesen guten Geruch der Tugend, entspringen. In stiller Zurückgezogenheit in seinem bescheidenen Pfarrhause, im Schatten seiner Kirche wohnend, soll er nur selten ausgehen. Es ist ihm erlaubt, einen Weinberg, einen Garten, einen Baumacker, manchmal auch ein kleines Feld zu besitzen und mit eigenen Händen zu bebauen; einige Haustiere zum Vergnügen oder Nutzen darauf zu halten, z. B. eine Kuh, eine Ziege, Schafe, Tauben, Singvögel, besonders einen Hund, dieses lebendige Hausgeräte, diesen Freund derer, die von der Welt vergessen sind und doch das Bedürfnis fühlen, von Jemand geliebt zu werden. Aus diesem Asyl der Arbeit, der Stille und des Friedens soll der Pfarrer sich selten entfernen, um sich in die lärmenden Gesellschaften der Nachbarschaft zu mischen; er darf nur bei einigen feierlichen Gelegenheiten mit den Glücklichen der Welt aus dem Becher der Gastfreundschaft schlürfen; der Arme ist reizbar und eifersüchtig, und geneigt, den Mann, welchen er oft an der Türe des Reichen in der Stunde sieht, wo der Rauch von seinem Dache aufsteigt und einen reicher besetzten Tisch, als der seinige ist, ankündigt, der Schmarotzerei oder Sinnlichkeit zu beschuldigen. Öefters, wenn er von seinen frommen Ausflügen zurückkommt, oder wenn eine Hochzeit oder Taufe die Freunde des Armen versammelt hat, kann der Pfarrer sich einen Augenblick an den Tisch des Arbeiters setzen und sein schwarzes Brot mit ihm teilen; sein übriges Leben soll er am Altar oder in der Mitte der Kinder zubringen, die er den Katechismus, dieses gemeine Gesetzbuch der erhabensten Philosophie, dieses Alphabet göttlicher Weisheit, stammeln lehrt. Mitten unter den ernsten Studien, wozu ihm in seiner Einsamkeit seine Bibliothek den Stoff liefert, kann man den Pfarrer des abends, wenn der Küster die Kirchenschlüssel geholt, wenn die Betglocke vom Turme geläutet hat, mit seinem Brevier in der Hand, unter den Apfelbäumen seines Obstgartens, oder auf den erhabenen Fußpfaden des Gebirges die liebliche, wohltuende Luft der Fluren und die dem Tage abverdiente Ruhe genießen sehen, wie er bald stille steht, um einen Vers der heiligen Gesänge zu lesen, bald nach dem Himmel oder dem Horizont seines Tales aufblickt, und langsamen Schrittes in heiliger, köstlicher Betrachtung der Natur und ihres Urhebers wieder herabsteigt.

Dies ist die Lebensweise, dieses sind die Genüsse des Pfarrers. Seine Haare grauen, seine Hände zittern, wenn er den Kelch hält, seine gebrochene Stimme erfüllt nicht mehr das Heiligtum, klingt aber noch im Herzen seiner Herde nach; er stirbt, ein Stein ohne Namen bezeichnet seinen Platz auf dem Gottesacker, neben der Türe seiner Kirche. Sein Leben ist dahin! er ist auf immer vergessen. Aber er hat in der Ewigkeit Ruhe gefunden, wo seine Seele zum voraus lebte, und er hat hienieden das Beste getan, was man hier tun kann: er hat nämlich ein unsterbliches Dogma fortgesetzt; er hat einer unermeßlichen Glaubens- und Tugendkette einen Ring angefügt und den kommenden Generationen einen Glauben, ein Gesetz, einen Gott hinterlassen.

Was den Mann ausmacht

Was wäre der für ein Mann, der am Schlusse seines Lebens nichts aufzuweisen hätte, als seine in Verse gebrachten poetischen Träume, während seine Zeitgenossen mit allen Waffen den großen Kampf für Vaterland und Gesittung kämpften? während die ganze sittliche Welt um die Wiedergeburt der Ideen und der Verhältnisse in entsetzlichen Wehen lag? Mit allem Rechte würden verständige Leute über einen solchen Wechselbalg sich lustig machen, und er hätte wohl verdient, zum Heerestroß gestoßen oder zum unnützen Gepäck geworfen zu werden; es liegt in dieser beschaulichen Vereinzelung, die man Männern des Gedankens in Zeiten der Arbeit oder des Kampfes anrät, was man auch davon sagen möge, eine große Unmacht oder ein großer Egoismus. Der Gedanke und die Tat müssen sich notwendig gegenseitig ergänzen. Beides zusammen macht erst den Mann.

Religiöse Überzeugung

Wenn es irgend etwas Unabhängiges und Unverletzliches in der Welt gibt, so ist es der Gedanke und die Ueberzeugung. Der Verfasser hat hier kein Glaubensbekenntnis abzulegen, aber er bekennt seine Verehrung, Dankbarkeit und Liebe für eine Religion, welche die Menschheit in ihrer tiefsten Innerlichkeit berührt und durchdrungen, die göttliche Vernunft in die menschliche Vernunft eingezeugt, die Sittlichkeit zum Dogma und die Tugend zum Gesetze erhoben, endlich während zweimal tausend Jahren dem religiösen Instinkte so vieler Milliarden menschlicher Wesen eine Seele, einen Körper, eine Stimme, ein Gesetz, – so vielen Gebeten eine Zunge so vielen Aufopferungen eine Triebfeder, so vielen Schmerzen eine Hoffnung gegeben hat. Wenn er auch über die mehr oder weniger symbolische Bedeutung dieses oder jenes Dogma dieser großen Gemeinschaft der Geister eine verschiedene Ansicht hätte, könnte er jemals ohne Undank und ohne Verbrechen, feindselig gegen eine Religion sein, die er mit der Milch seiner Mutter eingesogen hat, und der er alle eigene Kenntnis höherer Dinge verdankt? Könnte er dieses Brot des Lebens, das so viele Millionen Seelen und Geister nährt und stärkt, durch den Kot ziehen? Ein solcher Gedanke wird ihm nie kommen, einen solchen hatte er nicht, indem er dies Buch schrieb. Er hatte nur einen: Verehrung gegen Gott, Liebe zu den Menschen und Freude am Guten und Schönen in allen denjenigen zu wecken, die jene edeln und göttlichen Triebe in sich fühlen. Die Kontroversen erzeugen nicht selten Streit; man soll aber auch in Sachen des Denkens Liebe und Nachsicht üben.

Man hat mich auch des Pantheismus angeklagt, oder dafür gelobt. Eben so gerne würde ich mich des Atheismus bezichtigt sehen, dieser großen moralischen Verblindung mancher Menschen, denen, ich weiß nicht durch welche Strafe der Vorsehung, der erste Sinn der Menschheit, der Sinn, der Gott sieht, abgeht. Weil der Dichter Gott überall sieht, hat man geglaubt, er sehe ihn in Allem. Man hat das Wort des heiligen Paulus, dieses ersten Commentators des Christentums: In illo vivimus, movemur et sumus, für Pantheismus genommen: in diesem Sinne bin ich Pantheist. Aber die höchste Individualität, Selbstbewußtsein und Selbstbeherrschung demjenigen bestreiten, der uns die Individualität, das Selbstbewußtsein und die Freiheit gegeben hat, dies hieße, der Sonne das Licht, dem Ocean den Wassertropfen bestreiten. Nein: mein Gott ist der Gott des Evangeliums, der Vater, der im Himmel, das heißt, der überall ist.

Hugo Felicité Robert de Lamenais

In seinem ebenso geistvollen wie dokumentarischen Buch »Die politischen und sozialen Ideen des französischen Katholizismus«, das mit kirchlicher Druckerlaubnis vom 20. September 1928 im Volksvereinsverlag in München-Gladbach erschienen ist, schließt Dr. Waldemar Gurian das 7. Kapitel mit dem Satz: »Der Mann, der am 27. Febr. 1854 mit der Kirche unversöhnt starb und in einem

Massengrabe beigesetzt wurde, so daß man die Stätte nicht mehr kennt, an der sein Leib ruht, steht, wie Msgr. Baudrillart, der gegenwärtige Rektor des Instituts catholique bemerkt hat, am Anfang der intellektuellen Bewegung im französischen Klerus und an der Quelle aller großen Bewegungen der letzten Jahre des 19. Jahrhunderts«.

Dieser Mann ist *Hugo Felicité Robert de Lamenais*. Es ist hier nicht der Platz, Lamenais einen neuen literarischen Denkstein zu setzen. Aber die 26. Betrachtung, die Lamartine unter der Überschrift »Gott« Lamenais gewidmet hat, gibt doch Veranlassung, an dieser Stelle einiges Wenige über diese grandiose Persönlichkeit zu sagen, deren sprachgewaltiges, seine Zeit in helle Aufregung versetzendes Büchlein »Worte eines Gläubigen« die deutschen Dichter *Ludwig Börne und Ehrenfried Stöber* uns in unsere deutsche Sprache übertragen haben.

H. F. R. de Lamenais ist am 19. Juli 1782 in St. Malo in der Bretagne geboren und wurde nach gründlichsten Studien 1816 in Rennes zum katholischen Priester geweiht. Das hoffnungsreich begonnene Gelehrten- und Priesterleben endete in unsagbarer Tragik. Lamenais war Gegner des königlichen französischen Katholizismus, weil die Verbindung des Katholizismus mit dem Restaurationsstaat ihm für das katholische Leben keine Aussichten zur wirklichen Religiösität bot. Er zielte darum darauf hin, die kath. Kirche von dem politischen System seiner Zeit unabhängig zu machen und schuf ein eigenes gesellschaftliches Programm für die Erneuerung des französischen Katholizismus, Und wie er überhaupt Gegner der gallikanischen Ideen gewesen ist, die darauf abgestellt waren, daß die katholische Kirche in Frankreich als Staatskirche sich besonderer Freiheiten gegenüber Rom erfreute, wollte er auch nicht, daß die französischen Katholiken gebunden seien an die königlich-französische Regierung der Restauration. Der Papst war für ihn das alleinige Oberhaupt der katholischen Kirche auch in Frankreich. Leo XII. ehrte diesen Willen und bot seinem Vertreter den Kardinalshut an, den aber Lamenais zu Gunsten seines späteren Gegners Lambruchini ablehnte.

Streitbare Gegner hatte der kühne Kämpfer. Ihre Zahl wuchs und auch ihre Kraft ganz besonders, als Lamenais mit seinen jungen

Genossen Montalembert und Lacordaire – sie waren 27 und 20 Jahre alt – die Zeitschrift »L'Avenir« (Die Zukunft) herausgab, und in dieser Volkssouveränität, Glaubens-, Vereinigungs- und Pressefreiheit forderte. Nur etwas über ein Jahr – vom 16. Oktober 1830 bis 15. November 1831 – ist diese Zeitung erschienen, und sie hat es nie auf mehr als 3000 Abonnenten gebracht. Aber unter ihrem Motto: »Gott und die Freiheit« war sie ein einzigartiges, sozialrevolutionäres, publizistisches Organ, dessen geistige Quelle, Glaube und Gewissen der Menschheit und Gerechtigkeit gewesen sind. Die Menschheit ist, so sagte Lamenais, nach dem Ebenbilde Gottes geschaffen, und als »reinster Ausdruck der durch die Uroffenbarung gegebenen Prinzipien des mit der Religion unlöslich verbunderen Lebens« hat das Christentum die Aufgabe, die natürliche und unverlierbare Freiheit in der Welt und in der Geschichte zu verwirklichen.

Am 15. August 1832 hatten Lamenais' Feinde eine erste Verurteilung seiner Ideen in Rom erwirkt. Sie erfolgte in der Enzyklika »Mirari vos«, ohne daß der Name Lamenais genannt wurde. Als Lamenais aufrief, das Evangelium zu erfüllen, das Reich der Lüge zu zerstören und auf den Trümmern ein Reich der christlichen Eintracht und Brüderschaft aller Menschen zu errichten, wurde der Bruch des Abbé Lamenais mit der katholischen Kirche Tatsache. Es schieden sich durch die Enzyklika »Singulari vos« (25. Juni 1834) Menschen und Wege. Die soziale und religiöse Bewegung ging auch ohne Lamenais im französischen Katholizismus weiter, allerdings nicht mehr getragen von diesem stürmischen Feuerkopf. Die demokratischen und sozialen Ideen von Lamenais, für ihn begründet durch seinen religiösen Glauben, von anderen an ihm oder nur für sich vielfach um ihres sozialrevolutionären Inhalts willen geschätzt, schufen sich auch ohne den Zusammenhang mit der Kirche und in der Kirche ihre Kreise begeisterter Freunde. In der katholischen Kirche Frankreichs waren durch *Antoine Frederic Ozanam* im Sinne des Stifters des Ordens der Vinzentinerinnen, Vinzenz von Paul 1833 die Vinzenz-Vereine entstanden, die das Werk der sozialen Reform durch ausgedehnteste Caritas in Angriff nahmen und an vielem die Hebel ansetzten, was Lamenais als soziale Rückständigkeit erkannt und bezeichnet hatte. Wenn es in den Jahrzehnten um die Wende des 19. zum 20. Jahrhunderts in Frankreich eine junge kath. Bewegung, den »Sillon« (die Furche) von Marc Sagnier gegeben hat, und wenn heute wieder die soziale und die demokratische Frage im Zentrum des Lebens der Katholiken und überhaupt der Christen steht, so wirft man mehr als einen Blick auf Lamenais, der seiner Zeit eben um ein Jahrhundert vorausgewesen ist und wie so mancher andere das Los des unbequemen Neuerers tragen mußte, da er machtvolle Gegner hatte und gerade in dem Kreise verlästert und unmöglich gemacht wurde, in dem er sein erstes und größtes Wirkungsfeld suchte. Die politische Reaktion Metternichs hat das verhindert und Lamenais' Trennung von der katholischen Kirche bewirkt.

Die ersten poetischen Betrachtungen Lamartines sind 1820 erschienen, also in einer Zeit, in der Lamenais noch nicht seine großen sozialen und politischen Kämpfe führte, aber in der er immerhin mit seinen weit hinausgreifenden religiösen Gedanken an die Öffentlichkeit trat. Wir verspüren den Eindruck, den Lamenais auf Lamartine gemacht hat, wenn wir in der 26. Betrachtung die Verse lesen:

> »Weck' auf uns, großer Gott! Sprich! Aendere die Welt,
> und Dein befruchtend Wort vom Nichts vernommen
> werde!
> Nun ist es Zeit! Auf! Auf! Aus Deiner langen Ruh,
> schaff eine neue Welt aus diesem Chaos Du!«

Dieses Gedicht ist auch in den späteren Ausgaben der »poetischen Betrachtungen« stehen geblieben. Die Verurteilung und die Verfehmung des religiös-politischen Kämpfers hat Lamartine nicht gehindert, seine Sympathie für Lamenais zu bekunden.

Die vier Verse, die wir eben zitierten, sind eine Mahnung gewesen nicht nur für die Zeit vor 125 Jahren, die Mahnung gilt auch unserer Gegenwart, und wenn schon von einer Erneuerung der Welt im Geiste des Christentum gesprochen wird, wenn die sozial belebte kraftvolle Demokratie von den Christen als eine ethische und kulturelle Daseinsaufgabe gesehen werden soll, dann muß auch an den Mann erinnert werden, der als erster in Europa machtvoll den Ruf erhoben hat, Lamenais. Die meisten unserer deutschen Zeitgenossen kennen noch weniger seinen Namen als ihn seine Landsleute, die Franzosen, noch vor einigen Jahren gekannt haben.

Inzwischen sind aber alte Bücher in Frankreich neugelesen worden und sind neue dazu gekommen. Die sozialen Lehren des Abbé Lamenais wurden eifrig studiert und auch Paul Boncourt befindet sich unter denen, die ihm eine eigene Schrift gewidmet haben. Lamenais ist kein Sozialist, aber er ist ein Sozialreformer von Format und in Deutschland haben einst Joseph Görres und sein Kreis von ihm Anregung erhalten, wie eine neue Arbeit von Liselotte Ahrens uns ihn näher brachte. Vielleicht ist es auch nicht ausgeschlossen, daß jene erste deutsche sozialpolitische Rede in einem deutschen Parlament, die der Badener Franz Josef Buß am 25. April 1837 im Bad. Landtag gehalten hat, und die einzig in ihrer Zeit dasteht, wie das August Bebel bekannte, beeinflußt war von den sozialen Ideen des Abbé Lamenais. Sie waren beide ja Zeitgenossen, beide Katholiken und beide Feuerköpfe von Format. Die soziale Betätigung von Buß in den späteren Jahren, der immer mehr erhobene Weckruf an die katholische Kirche, sich der sozialen Not anzunehmen, den wir bis zum Jahre 1846 hören, von welchem Datum ab Buß von anderen Gedanken mehr in Anspruch genommen war, standen aber sichtlich unter dem Einfluß von Lamenais, Und das, obwohl Lamenais Revolutionär, Buß Konservatiker war, obwohl Lamenais außerhalb der Kirche, Buß mitten in ihr stand.

Dieses kleine Wort zum besseren Verständnis, warum wir aus Lamartines Werken dieses Gedicht an Lamenais in der Übersetzung von Georg Herwegh hier ebenfalls abdrucken.

Soviel an dieser Stelle. In dem Wohl bald in unserem Verlag erscheinenden Neudruck der »Worte eines Gläubigen« ist von der Stellung Lamenais' in seiner Zeit und in der unserigen mehr gesagt.

Gott

An den Abbé de Lamenais

Es mag der Geist so gern an seinen Fesseln rütteln
Und ab die schwere Last des Menschenelends schütteln:
Indessen ruht mein Sinn auf dieser Körperwelt,
Steig' ich zur Geisterwelt empor, wenn mir's gefällt.

Ich lass' dies ganze All zu meinen Füßen schweben,
Um frei in dem Gebiet des Möglichen zu leben.
Der Seele ist zu eng der Kerker, drin sie wohnt,
Und eine Glätte sucht sie *ohne Horizont*.

Gleich einem Tropfen, den wir in den Ozean gießen,
Will im Unendlichen mein Denken all' zerfließen;
Da herrscht's als Königin des Raums, der Ewigkeit,
Und mißt gar kühn die Zeit und die Unendlichkeit.
Durchläuft das Sein und wagt es, durch das Nichts zu
schweifen,
Die Unbegreiflichkeit des Schöpfers zu begreifen.

Wie aber mein Gefühl zu schildern auch ich such',
Stirbt jedes Wort hin in ohnmächtigem Versuch.
Die Seele wollte oft schon sprechen, doch es hatten
Die Lippen Töne nur, meiner Gedanken Schatten.
Zwei Sprachen für den Geist geschaffen hat der Herr:
Man spricht die eine aus und hört sie gleich nicht mehr;
Es kann von Menschen hier die Sprach' erlernet wer-
den,
Sie reicht gerade aus für das Exil auf Erden
Und folgt dem wandelbaren Geschicke der Menschheit,
Verschieden nach dem Land, vergeht sie mit der Zeit.
Die andre, ewig, allumfassend, auserlesen,
Ist angeboren schon jedwedem denkenden Wesen:
Sie ist kein toter Schall, der in der Luft verhallt,
Nein, ein lebendig Wort, das aus dem Herzen schallt;
Man höret, man begreift, man spricht sie mit der Seele.
Sie leuchtet und schlägt ein, trifft stets die rechte Stelle:
Des Himmels Sprache ist's, gesprochen vom Gebet,
Die zarte Liebe nur aus Erden hier versteht;
Des Herzens glühende Gefühle auszudrücken
Weiß sie in Seufzern nur und in entzückten Blicken.

Wenn himmelan sich hebt die Seel' in kühnem
Schwung,
Wird sie mir offenbar durch die Begeisterung;
Und diese kann allein Licht in der Nacht gewähren

Und besser als Vernunft mir diese Welt erklären.
O komm' und lasse auch auf ihren Flügeln dich
Zum Himmel tragen, wie getragen werden ich.
Schon sehen wir die Welt weit unter uns da liegen,
Der Zeit entfliehen wir, den Raum wir überfliegen,
Und in der ewigen Ordnung der Wirklichkeit
Sehn wir von Antlitz nun zu Antlitz die Wahrheit.
Die Sonne, die Aufgang und Untergang nicht kennet.
Ist *Gott*, das All, das vor sich selbst in Andacht brennet!
Er ist allein! und Zeit und Unermeßlichkeit
Sind Elemente nur seiner Unendlichkeit.
Das Licht, das ist sein Blick, der Raum sein Aufenthalt,
er
Gibt in der Welt sein Bild, in der Ewigkeit sein Alter;
Im Schatten seiner Hand besteht die Schöpfung blos,
In ew'gen Fluten quillt das Sein aus seinem Schoß,
Aus dieser ew'gen Quell' ein ew'ger Strom es rinnet
Und kehrt in ihn zurück, in dem das All beginnet.

Maßlos wie Er erschallt der Werke Dankesruf
Im Werden schon zu ihm, daß Allmacht sie erschuf!
Mit jedem Atemzug kann Welten er erschaffen.
Aus sich nimmt Alles er, bezieht auf sich es stets,
Sein höchster Wille ist ihm oberstes Gesetz!
Doch dieser Wille, den ein Schatten decket nimmer,
Ist Macht, Gerechtigkeit, Ordnung und Weisheit im-
mer.
Und alles lenket er mit ihm in seinem Lauf,
Und stufenweise steigt das Nichts zu ihm hinauf.
Und Jugend, Liebe, Kraft, Verstand, Schönheit und Le-
ben
Kann ohne Maß und Ziel aus seiner Füll' er geben;
Das Nichts wird Herrlichkeit auf Gottes Machtgebot,
Aus einem Stäubchen kann er schaffen einen Gott!
Und dieser Gott, der ward von ihm hervorgerufen,
Er zählet immerdar des tiefen Abstands Stufen.
Und strebt zum Schöpfer stets empor in kühnem Flug,
Der aller Dinge Ziel und sich allein genug.

Das ist, das ist der Gott, den jeder Geist verehret,
Den Abraham geglaubt, Pythagoras gelehret,
Der Sokrates erschien, geahnt von Plato ward;
Der Gott, den der Vernunft das Weltall offenbart,
Der für das Recht und für das Unglück mußte kom-
men,
Den *ganz* zu eigen uns, *Christus* herabgekommen!
Das ist nicht mehr der Gott, gemacht von Menschen-
hand,
Der Gott nicht, den Betrug für Toren einst erfand,
Der Gott ist's nicht, entstellt, von falscher Priester Hän-
den,
Zu dem Leichtgläubige voll Angst und Furcht sich
wenden,
Er ist's allein, ist eins, gerecht und gut sein Sinn,
Die Erde sieht sein Werk, der Himmel kennet ihn.

O glücklich, wer ihn kennt! Noch mehr, wer ihn beken-
net!
Wer, während ihn die Welt beschimpft oder nicht ken-
net,
Beim Lampenschein sich allein in stiller Nacht
Ins Heiligthum begibt vom Glauben überwacht,
Von heißer Liebe sich zu ihm hinauf läßt ziehen,
Läßt seine Seele gleich dem Weihrauch dort verglühen!
Doch zu erheben sich zu ihm braucht unser Geist,
Gedrücket und gebeugt, des Himmels Kraft zumeist.
Wir müssen uns hinauf auf Flammenflügeln schwin-
gen,
Sehnsucht und Liebe kann allein hinauf uns bringen.
Ach – daß ich Spätling nicht zu jener Zeit entstand,
Da noch die Menschen, jung, entschlüpft kaum seiner
Hand,
Gott nahe durch die Zeit, näher durch Unschuld ste-
hend,
Verkehrten mit ihm, vor seinem Antlitz gehend!
Was sah ich nicht die Welt, nachdem sie kaum ge-
macht?
Und hört den Menschen nicht, da er zuerst erwacht?

Alles sprach ihm von dir, du hast zu ihm gesprochen;
In tausend Strahlen hat dein Schimmer sich gebrochen;
Sogleich, als die Natur aus deinen Händen sprang,
Des Schöpfers Namen auch allüberall erklang:
Der Name, der jetzt durch der Zeiten Rost verborgen
Ist, glänzte strahlendhell am jungen Schöpfungsmor-
gen;
Es durfte vormals nur der Mensch dir nahen sich,
An seinen Vater flehn, da riefst du: *der bin ich.*

Gleich einem Kind hat lang ihn deine Stimm' regieret,
Du hast ihn lange Zeit au deiner Hand geführet;
Wie oftmals ward er dich in deinem Glanz gewahr,
Bei Mamre's Eichen, in dem Tale von Sennar,
In Hored's Flammenbusch und auf dem heil'gen Berge,
Von welchem Moses stieg mit dem Gesetzeswerke!
Die Kinder Jakobs, aus Aegypten fortgereist,
Hast vierzig Jahre lang mit Manna du gespeist.
Durch Donnerorakel hast du ihren Geist erschrecket
Und ihrem Blicke dich durch Wunder oft entdecket,
Vergaßen sie sich je, so fandest Engel du,
Die riefen ihnen laut des Herren Namen zu.
Doch gleich dem Flusse, fern dem Quell, der ihn gebo-
ren,
Hat die Erinnerung an dich sich auch verloren,
Es hat den alten Stern der Zeiten düstre Nacht.
Um seinen hehren Glanz und Herrlichkeit gebracht.
Du sprachst nicht mehr: und es fing die Hand der Zei-
ten
An, nun Vergessenheit aus über dich zu breiten!
Der Glaube minderte im Lauf der Jahre sich;
Den Zweifel stellt der Mensch zwischen die Welt und
dich.
Für deinen Ruhm zu alt ist diese Welt geworden,
Dein Namen, deine Spur vergessen aller Orten,
Zu finden wieder sie, muß man in seinem Lauf
Der Tage langen Strom gehn Well' um Well' hinauf,
Natur und Firmament! zeigt euch umsonst den Sinnen!!
Den Tempel sieht der Mensch, doch nicht den Gott. der

drinnen.
Vergebens spüret er im blauen Lustgefild
Dem Lauf der Sterne nach, mit denen es erfüllt;
Er kennet, die sie lenkt, die Hand nicht mehr jetzunder,
Ein ewig Wunder hört leicht auf, zu sein ein Wunder,
Sie glänzen morgen, wie wir heut' sie glänzen sah'n!
Wer kann uns sagen, wo ihr Strahlenlauf begann?
Ob, das befruchtet und erwärmt, das Licht dort, oben
Sich auch ein erstes Mal über die Welt erhoben?
Niemand hat leuchten es zum ersten Male gesehn,
Für ew'ge Tage kann kein erster Tag bestehn.
Die sittliche Welt wird umsonst dein Dasein nennen,
Im Wechsel lassen dich vergebens auch erkennen;
Vergebens spielst du mit dem allergrößten Land
Und gibst's von Herrn zu Herrn und gibst's von Hand
zu Hand,
All' dieser Wechsel nimmt die Augen nimmer Wunder,
Und zur Gewöhnlichkeit sank nun der Ruhm herunter;
Der größte Schicksalsschlag wird uns nichts Neues
sein,
Das Stück ist längst verbraucht, gelangweilt schläft
man ein.
Weck' auf uns, großer Gott! sprich, ändre Welt und Erde,
Und dein befruchtend Wort vom Nichts vernommen
werde:
Nun ist es Zeit! Auf! Auf! aus deiner langen Ruh:
Schaff' eine neue Welt aus diesem Chaos du!
Ein andres Schauspiel laß die müden Augen sehen!
Vor unserm Zweifelssinn laß neue Wunder stehen!
Die Himmel, die zu uns nicht sprechen mehr, schaff'
um,
Und eine neue Sonn' kreis' über uns herum;
Zerstör' die Welt, sie möcht' sonst deinen Ruhm dir
rauben;
Komm', komm', und zeig' dich selbst und zwinge uns,
zu glauben!!
Doch ehe noch vielleicht herein die Stunde bricht,
Da diesem Weltall wird entziehn die Sonn' ihr Licht,
Wird jene andre Sonn', die sittliche, aufhören,

Dem menschlichen Verstand Erleuchtung zu gewähren,
Und an dem Tage, da erlischt ihr heller Schein,
Das ganze Weltall stürzt in ew'ge Nacht hinein,
Und alsdann wirst du wohl dein unnütz Werk zer-
schlagen.
In alle Zeiten wird der Trümmerhaufe sagen:
Es kann nichts außer mir bestehn! Ich bin allein!
Ihr habt nicht mehr geglaubt und höret auf zu sein!

Die religiöse Welle

Ein religiöser Zug geht durch alles menschliche Denken; aber die
lautere Religion des Herzens hat nur im Glauben und Bewußtsein
ihren Halt. Sie verlangt von der öffentlichen Gewalt keine innigere
Teilnahme, die sie nur irre führen, keine Gunstbezeugungen, die ihr
nur schaden könnten; sie verlangt nur, was sie selbst zugesteht, was
ihr eigenstes Wesen und ihren Ruhm ausmacht, Unabhängigkeit
und freie Ueberzeugung. Die Politik ist nicht mehr jene schmähliche
Kunst, die Menschen zu verderben und zu täuschen, um sie zu
knechten. Das Christentum hatte auch in sie einen göttlichen Keim
von Sittlichkeit, Gleichheit und Tugend gelegt, der freilich Jahrhunderte bedurfte, um sich zu entwickeln. Man sieht seine allmählige
Entwicklung von Jahrhundert zu Jahrhundert, in den Seufzern der
Völker, in den Wünschen guter Könige; er ist ein lebensvoller Gedanke des menschlichen Geschlechts, immer angegriffen, nie unter-
drückt. Schon Fenelon's frommer Geist enthüllt ihn der Gewalt, als
das heilige Gesetz politisch christlicher Liebe, als das Evangelium
der Herrscher, Er ging unversehrt aus den Fesseln des Despotismus,
wie aus den Saturnalien der Anarchie hervor; er triumphiert über
die Schwachen, die ihn leugnen, über den Wahnwitz, der ihn ent-
weiht, Vernunft, Freiheit, Sittlichkeit verlassen endlich das unbestimmte theoretische Feld, suchen Form und Gestalt anzunehmen
und gewinnen Leben und Dasein in Institutionen, wo Ordnung und
Freiheit sich gegenseitig Garantie leisten. Das sind die Zeichen des
neuen Jahrhunderts! Wenn es nicht die blutigen Lehren der Vergangenheit vergißt, wenn es sich erinnert an die Anarchie und
Sklaverei, die zwei Rachegeißeln, welche die Verbrechen der Köni-

ge, wie die Ausschweifungen der Völker strafen; wenn es von den menschlichen Einrichtungen nicht mehr fordert, als mit unserer unvollkommenen Natur verträglich ist, so wird es seine glorreiche Bestimmung erfüllen; es wird den frohen Empfindungen entsprechen, mit der es heute die Menschen voll Hoffnung begrüßen.

Die Ideen der Revolution

Es ist nun bald ein halbes Jahrhundert, daß diese Revolution, nachdem sie in den Ideen bereits gereift war, auch in der Wirklichkeit ausgebrochen ist. Sie war anfangs nichts als ein Kampf, hernach ein Einsturz, dessen Staub lange Zeit Alles verdunkelte; man wußte weder warum, noch aus welchem Boden, noch unter welchen Fahnen man stritt. Man feuerte, wie in nächtlichem Kampfgewühl, auf Freunde und Brüder; den Schlägen folgten Gegenschläge; empörende Auftritte befleckten alle Farben; mit Abscheu zog man sich von einer Sache zurück, auf deren Seite das Verbrechen trat, und die es verdarb, wie es jede Sache verdirbt; man ging von einem Extrem zum andern über; man erkannte Nichts mehren den stürmischen Bewegungen, in dem Wechsel des Schlachtenglücks; es war eine Schlacht, das heißt Verwirrung und Unordnung, Sieg und Niederlage, Enthusiasmus und Entmutigung.

Die menschliche» Ideen haben für Europa eine jener großen organischen Krisen herbeigeführt, wovon die Geschichte nur einen oder zwei Daten überliefert hat; Epochen, wo eine abgenutzte Zivilisation einer andern weicht, wo die Vergangenheit keinen Halt mehr hat, wo den Massen sich die Zukunft zeigt, mit aller Ungewißheit und Dunkelheit, die das Unbekannte immer hat; schreckliche Epochen, wenn sie nicht fruchtbar sind; Krankheiten in den Entwicklungsstufen des menschlichen Geistes, die ihn für Jahrhunderte lang töten, oder für ein neues und langes Dasein beleben. Die französische Revolution war die Sturmglocke der Welt. Mehrere ihrer Phasen sind vollendet, sie selbst ist noch nicht geschlossen; nichts hat ein Ende in diesen langsamen, innerlichen, ewigen Bewegungen des Menschenlebens: es gibt Zeiten des Stillstands; aber in eben diesen Zeiten reisen die Gedanken, sammeln sich die Kräfte und rüsten sich zu neuer Tätigkeit.

Im Entwicklungsgang der Staaten und Ideen ist der Zweck immer nur ein neuer Ausgangspunkt. Die französische Revolution, die man später die europäische nennen wird, – denn die Ideen verurteilen sich, wie das Wasser in ebener Fläche, – die französische Revolution, sage ich, ist nicht bloß eine politische Revolution, eine Umänderung der Staatsgewalt, ein Dynastiewechsel, eine Republik statt einer Monarchie; alles dieses ist nur zufällig, nur äußerliche Erscheinung, nur Werkzeug, nur Mittel, Ihr Werk ist um so wichtiger und höher, weil sie unter allen Regierungsformen in Erfüllung gehen könnte, und weil man Monarchist oder Republikaner, ein Anhänger der einen oder der andern Dynastie, dieser oder jener konstitutionellen Einrichtung sein könnte, ohne deswegen mit weniger Aufrichtigkeit und geringerer Tiefe der Revolution zugetan zu sein. Man kann ein Instrument dem andern vorziehen, um die Welt zu bewegen und ihre Stellung zu verändern; das ist Alles, Aber die Idee der Revolution, d, h, der Umänderung und Verbesserung, erleuchtet nichts desto weniger den Geist, und erwärmt nichts desto weniger das Herz, Wo ist unter uns der Mann, der denkt, ein Mann von Herz und Vernunft, ein Mann von Religion und Hoffnung, der, wenn er die Hand auf die Brust legt und sich im Angesicht einer in Gesetzlosigkeit und Altersschwäche dahin siechenden Staatsgesellschaft vor Gott fragt, nicht antwortete: »Ich bin revolutionär«? Die Zeit reißt Alle mit sich fort, sowohl den, der ihr widersteht, als den, der mit seinen Wünschen ihr voraus oder zu Hilfe eilt, Ihr Strom ist so reißend und unüberwindlich, daß diejenigen, welche am kräftigsten rudern, und den Drang der Wogen zu besiegen oder zu lähmen glauben, unmerklich sich weit von dem Gesichtspunkt, an dem sie mit Herz und Blick hingen, hinweggerissen sehen, und dann ganz erstaunt sind, wenn sie einst den Weg messen, den sie gegen ihren Willen gemacht haben.

Die Presse

Heute fängt man an, den Plan der Vorsehung in jenem großen Kampf zwischen den Menschen und Ideen zu erkennen. Der Staub hat sich gelegt, der Horizont wird heller. Man sieht die gewonnenen und verlorenen Stellungen, die auf dem Schlachtfeld gebliebenen, die zu Tod getroffenen, die noch lebenden, die jetzt oder später siegreichen Ideen: man begreift die Vergangenheit; man begreift das Jahrhundert; man erkennt einen Streif von der Zukunft. Es ist ein schönes und seltenes Denkmal für den Menschengeist. Er hat das Bewußtsein von sich selbst und von dem Werke, das er vollendet; es wird fast Tag am Horizont seiner Zukunft. Ist eine Revolution einmal begriffen, so ist sie auch vollendet: der Erfolg kann spät eintreffen, ist aber nicht mehr zweifelhaft. Die neue Idee hat, wenn auch noch nicht ihr Gebiet, doch ihre unfehlbare Waffe erobert. Diese Waffe ist die Presse: die *Presse*, diese tägliche und allgemeine Offenbarung Aller durch Alle, ist dem Geist der Neuerung und Verbesserung dasselbe, was das Schießpulver Jenen war, die sich seiner zuerst bedienten: nämlich ein in mächtiger Ueberlegenheit gesicherter Sieg, Für die politischen Philosophen handelt es sich also nicht mehr darum, zu kämpfen, sondern die unüberwindliche Waffe der neueren Zivilisation zu mäßigen und zu leiten. Die Vergangenheit ist zertrümmert, der Boden frei, der Raum leer, die Rechtsgleichheit als Grundsatz aufgestellt, die Redefreiheit in den Regierungsformen anerkannt, die Gewalt ist zu ihrer Quelle zurückgegangen; das allgemeine Interesse und die allgemeine Vernunft sprechen sich in Institutionen aus, welche mehr die Schwäche als die Tyrannei zu fürchten haben; das gesprochene und geschriebene Wort hat das Recht, sich überall und immer an die Einsicht Aller zu wenden; dieses große Tribunal der Vernunft beherrscht alle andern aus ihm entsprungenen Gewalten und wird sie mehr und mehr beherrschen; jetzt und künftighin regt sie alle sozialen, religiösen, politischen, nationalen Fragen an, mit jener Kraft, welche die öffentliche Meinung ihr leihen wird je nach dem Maße ihrer Ueberzeugung, bis daß die menschliche Vernunft, erleuchtet von dem Strahl, den Gott ihr leihen wird, in den Besitz der ganzen sozialen Welt getreten ist, und, zufrieden mit ihrem logischen Werk, wie der Schöpfer spricht: »Was ich getan habe, ist wohl getan«, und einige Tage ausruht, wenn es anders im Himmel und auf der Erde Ruhe gibt.

*

Der Strom hat seinen wilden Sturz hinter sich, die Fluten werden ruhiger, der Lärm vertost, der menschliche Geist fließt in einem breiteren Bett, er rauscht frei und kräftig dahin; er hat nur sein eigenes Ungestüm, seine eigene Aufwallung zu fürchten, er kann sich nur mit seinem eigenen Kote besudeln. In gerader Richtung strömt er dem unbekannten Ziele zu; ein unendlicher Durst nach Vervollkommnung, nach Wahrheit und Sittlichkeit verzehrt ihn; ein neuer Sinn, ein heilbringender oder verderblicher Sinn, ward ihm gegeben, diesen Durst zu stillen. Dieser Sinn, welcher der Menschheit erst in ihrem Alter enthüllt wurde, gleichsam um sie zu trösten und zu verjüngen, dieser Sinn ist *die Presse*; eine neue Macht, die sich noch nicht kennt und noch vor sich selbst erschrickt. Sie richtet in einer schon fertigen Zivilisation dieselbe Verwirrung an, die ein sechster Sinn in der menschlichen Organisation verursachen würde. Aber die Zeit, ihr eigenes Uebermaß, der einzige unfehlbare Prüfstein der Gesetzgebungen, werden ihren Gebrauch regeln, ohne ihrer Früchte uns zu berauben, und wie erschreckend auch die schwankende Stellung ist, in die sie die charakterfestesten Geister versetzt, ich kann nicht glauben, daß wir einer Macht weiterhin fluchen dürfen, die eine Vorsehung, weiser und großmütiger als wir, dem menschlichen Gedanken zugestanden hat, und eine ihrer köstlichsten Gaben verschmähen und ihre Wohltat verwerfen.

Durch Liebe zum Sozialismus

Die industrielle Bewegung; – sie entreißt die Bevölkerung den häuslichen Sitten und Gewohnheiten, den friedlichen und ehrlichen Beschäftigungen mit dem Landbau; sie übertreibt die Arbeit durch den Gewinn, den sie plötzlich in die Höhe treibt und ruckweise wieder fallen läßt; an den Luxus und an die Laster der Städte gewöhnt sie Menschen, die sich nicht mehr in die Einfachheit und Mäßigkeit des Landlebens fügen können; daher heute ein Mangel, morgen ein Ueberfluß an Arbeitern, die dann aus Hunger und Not dem Aufruhr und der Verwirrung zur Beute werden.

Die Proletarier; – eine zahlreiche Klasse, unbemerkt unter einer theokratischen, despotischen und aristokratischen Regierungsform, wo sie unter dem Schutz einer der Mächte lebt, die den Boden besitzen, und wenigstens in ihrer Schutzherrschaft eine Garantie für ihr Dasein hat; die aber heutzutage, wo sie durch die Unterdrückung ihrer Schutzherrn und durch den Individualismus sich selbst überlassen ist, in einer schlimmeren Jage als je, sich befindet, unfruchtbare Rechte erobert hat, ohne das Nötige zu besitzen, und die

Gesellschaft so lange ausregen wird, bis der *verhaßte Individualismus* dem *Sozialismus weicht.*

Aus der Lage der Proletarier ist die Frage des Eigentums entstanden, die heutzutage überall abgehandelt wird; eine Frage, die sich durch den Kampf lösen würde, wenn sie nicht bald durch die Vernunft, durch die Politik und die *soziale Liebe* gelöst wäre. *Die Liebe ist so viel wie Sozialismus;* – die Selbstsucht so viel wie Individualismus, Die Liebe, wie die Politik, befiehlt dem Menschen, seinen Nächsten nicht sich selbst zu überlassen, sondern ihm zu Hilfe zu kommen, eine Art gegenseitiger Versicherung unter billigen Bedingungen zwischen der besitzenden und nicht besitzenden Klasse zu bilden; sie sagt dem Eigentümer: du wirst dein Eigentum behalten; denn trotz dem schönen Traum der Gütergemeinschaft, der vom Christentum und den Philanthropen vergebens versucht wurde, scheint bis auf diesen Tag das Eigentum, die notwendige Bedingung jedes Staatsgebäudes zu sein; ohne dasselbe ist weder Familie, noch Arbeit, noch Zivilisation denkbar. Aber sie sagt ihm auch: du wirst nicht vergessen, daß dein Eigentum nicht bloß für dich, sondern für die ganze Menschheit da ist; du besitzest es nur unter gewissen Bedingungen der Gerechtigkeit, Nützlichkeit, Verteilung und des Genusses für Alle; aus deinem Ueberfluß wirst du also deinen Brüdern die Mittel zur Arbeit verschaffen, die ihnen nötig sind, damit auch sie ihren Teil bekommen. Ueber dem Recht des Eigentums wirst du ein anderes Recht anerkennen, das Recht der Menschlichkeit! Darin besteht die Gerechtigkeit und Politik; beide sind Eins.

Tag des Gerichts

Wir, die wir jetzt andere richten, bald wird man uns selbst richten; bald wird eine unparteiische Zukunft nach unsern Ansprüchen auf den Ruhm des Jahrhunderts, die wir so unendlich groß glauben und die sie allein kennt, fragen; bald wird sie das schreckliche Verzeichnis unserer Meinungen aufsetzen, die wir Grundsätze nennen, unserer Vorurteile, die wir Gerechtigkeit heißen, unseres Lärmens, den wir für Ruhm halten. Und bereits richten wir uns selbst; bereits, indem wir unsere Vorurteile als Zeugen, unsere Parteilichkeit als Richter anrufen, vergöttern oder verdammen wir, je nachdem die

Leidenschaft in uns spricht, ein Jahrhundert, von dem wir erst die blutige Morgenröte gesehen haben; ein Jahrhundert der Finsternis für die Einen, ein Jahrhundert des Lichts für die Andern, ein Jahrhundert des Kampfes für Alle!

Wir wollen weder diese Verachtung, noch diesen Stolz teilen! wir wollen nicht glauben, daß jene Wahrheit, die allen Zeiten, allen Menschen angehört, nur auf unser Dasein gewartet habe, um wolkenlos über unsrer Wiege sich zu erheben. Wir wollen nicht vergessen, daß jede Wahrheit ein Kind der andern, *ein Kind der Zeit* ist, wie die Weisen sagen, daß die ganze Zivilisation an jener goldenen Kette hängt, die die Welt trug und nur ein glänzender Schein war. Doch wir wollen uns auch nicht selbst verleumden; der Tag des Gerichts erscheint nur zu bald! zu bald schon wird die Nachwelt uns auf die Wage legen und sagen: sie waren (was wir auch in der Tat sind) die Menschen einer doppelten Epoche in einem Jahrhundert des Uebergangs!

G. M. Z. F. O.

Visa N⁰ 3.134 Le de la Direction de l'Education Publique Autorisation N⁰ 3.151 de la Direction de l'Information Druck: Graph. Werkstätte Franz Huber, Offenburg/Baden

Über tredition

Eigenes Buch veröffentlichen

tredition wurde 2006 in Hamburg gegründet und hat seither mehrere tausend Buchtitel veröffentlicht. Autoren veröffentlichen in wenigen leichten Schritten gedruckte Bücher, e-Books und audio-Books. tredition hat das Ziel, die beste und fairste Veröffentlichungsmöglichkeit für Autoren zu bieten.

tredition wurde mit der Erkenntnis gegründet, dass nur etwa jedes 200. bei Verlagen eingereichte Manuskript veröffentlicht wird. Dabei hat jedes Buch seinen Markt, also seine Leser. tredition sorgt dafür, dass für jedes Buch die Leserschaft auch erreicht wird.

Im einzigartigen Literatur-Netzwerk von tredition bieten zahlreiche Literatur-Partner (das sind Lektoren, Übersetzer, Hörbuchsprecher und Illustratoren) ihre Dienstleistung an, um Manuskripte zu verbessern oder die Vielfalt zu erhöhen. Autoren vereinbaren direkt mit den Literatur-Partnern die Konditionen ihrer Zusammenarbeit und partizipieren gemeinsam am Erfolg des Buches.

Das gesamte Verlagsprogramm von tredition ist bei allen stationären Buchhandlungen und Online-Buchhändlern wie z. B. Amazon erhältlich. e-Books stehen bei den führenden Online-Portalen (z. B. iBookstore von Apple oder Kindle von Amazon) zum Verkauf.

Einfach leicht ein Buch veröffentlichen: **www.tredition.de**

Eigene Buchreihe oder eigenen Verlag gründen

Seit 2009 bietet tredition sein Verlagskonzept auch als sogenanntes "White-Label" an. Das bedeutet, dass andere Unternehmen, Institutionen und Personen risikofrei und unkompliziert selbst zum Herausgeber von Büchern und Buchreihen unter eigener Marke werden können. tredition übernimmt dabei das komplette Herstellungs- und Distributionsrisiko.

Zahlreiche Zeitschriften-, Zeitungs- und Buchverlage, Universitäten, Forschungseinrichtungen u.v.m. nutzen diese Dienstleistung von tredition, um unter eigener Marke ohne Risiko Bücher zu verlegen.

Alle Informationen im Internet: **www.tredition.de/fuer-verlage**

tredition wurde mit mehreren Innovationspreisen ausgezeichnet, u. a. mit dem Webfuture Award und dem Innovationspreis der Buch Digitale.

tredition ist Mitglied im Börsenverein des Deutschen Buchhandels.

Dieses Werk elektronisch lesen

Dieses Werk ist Teil der Gutenberg-DE Edition DVD. Diese enthält das komplette Archiv des Projekt Gutenberg-DE. Die DVD ist im Internet erhältlich auf **http://gutenbergshop.abc.de**

MIX

Papier | Fördert
gute Waldnutzung

FSC® C083411

Zeitfracht Medien GmbH
Ferdinand-Jühlke-Straße 7
99095 Erfurt, Deutschland
produktsicherheit@kolibri360.de